JOAQUIM NABUCO

PENSAMENTOS SOLTOS

Linotipo Digital

JOAQUIM NABUCO

Pensamentos Soltos

JOAQUIM NABUCO

Pensamentos Soltos

Linotipo Digital

Linotipo Digital Editora e Livraria Ltda
2019

Editores: *Laerte Lucas Zanetti e André Assi Barreto*

Coordenador de produção: *Laerte Lucas Zanetti*

Capa, diagramação e projeto gráfico: *Spress Diagramação & Design*

Edição de texto: *Márcio Scansani*

Imagem da capa: *Nabuco em sua escrivaninha Coleção Francisco Rodrigues/ FR15210.*

Imagem de contracapa e abertura das partes i e ii: : *Ico 2677 - Joaquim Nabuco, embaixador do Brasil. Washington, c. 1905.*

Fonte: *Acervo Iconographia*

Imagem de colofão: *bico de pena Monteiro Lobato por Fátima Lódo*

Revisão de textos e de provas: *André Assi Barreto*

Dados Internacionais de Catalogação na Publicação (cip)
Angélica Ilacqua CRB-8/7057

Nabuco, Joaquim, 1849-1910
Pensamentos soltos / Joaquim Nabuco. -- São Paulo: Linotipo Digital, 2019.
188 p.

isbn 978-85-65854-24-5

1. Literatura brasileira - Citações e máximas i. Título

19-0089 cdd-B869.8

Índices para catálogo sistemático:
1. Literatura brasileira - Citações e máximas

Este livro segue as regras do Acordo Ortográfico da Língua Portuguesa, em vigor desde 01/01/2009.

2019
Todos os direitos desta edição reservados à
Linotipo Digital Editora e Livraria Ltda.
Rua Álvaro de Carvalho, 48, cj. 21, 2º andar
CEP: 01050-070 – Centro – São Paulo – SP
www.linodigi.com.br – 55 (11) 3256-5823

Sumário

Prefácio

Nivaldo Cordeiro[1]

Não há nada mais apaixonante do que olhar a obra de um autor à luz da sua biografia, mormente quando esta obra está esquecida no fundo do baú da história. O livro *Pensamentos Soltos* ficou muito tempo fora de edição e agora está disponível pela Editora *Linotipo Digital*. Joaquim Nabuco foi daqueles homens destinados à grandeza das letras e da política e legou-nos obras que formam a nossa tradição e a nossa alma coletiva. O exemplo mais acabado é *O Abolicionista*, mas podemos citar qualquer outros, como *Um Estadista do Império*, *Minha Fé* e *Minha Formação*.

---

1 Nascido no Ceará, desde os 15 anos mora em São Paulo, tendo ficado um período em Brasília, onde ocupou alguns cargos da administração pública federal. É economista e mestre em administração de empresas pela FGV, onde fez os créditos de doutorado. Deu aulas na FGV, PUC e FAAP, entre outras escolas, na área de economia. Desde a virada do século tem se dedicado a estudar alta literatura e tem dado cursos sobre o produto da leitura. Atualmente pesquisa a obra e a biografia de Goethe.

Joaquim Nabuco nasceu em 19 de agosto de 1849 e veio a falecer em 17 de janeiro de 1910, tendo sido, portanto, testemunha participante dos grandes acontecimentos do final do Império e do começo da República. Seus biógrafos não deixam de registrar que Nabuco era um conservador da mesma estirpe e do mesmo tipo de Edmund Burke, com toda justiça. É um autor pouco lido e essa falta de disseminação da sua obra é uma das lacunas responsáveis pela ignorância dos brasileiros com a sua própria história.

Se houve um pai do movimento abolicionista, este foi Joaquim Nabuco. O livro *O Abolicionista* o consagrou. Sua luta se deu a despeito de suas origens aristocráticas e escravocratas. A razão, o senso moral e a sabedoria triunfaram em sua alma contra a ordem injusta que viu naqueles anos fatídicos.

Nabuco escreveu *Pensamentos Soltos* ao longo se sua vida e sua primeira edição se deu em 1906. É uma corajosa demonstração de intimismo, em tom quase confessional. Tem momentos de lirismo sublime. Ele nos explica, num parágrafo perdido dentro do livro, porque o escreveu:

Não há nada mais fatigante do que ler pensamentos. Em verdade, é difícil saber de que modo ser-

vi-los ao público. Alguns espíritos poderão encontrar distração na leitura de uma série de teoremas, mas estes espíritos são raros. O pensamento solto pode ser o registro de um relâmpago que vos atravessou o espírito, ou de um estado interior passageiro. É uma 'moralidade' sem a respectiva fábula. É como se, em vez de atores para representar, o diretor de cena atirasse ao auditório, para ser meditada, a tese de que o autor cogitou tratar. Os pensamentos devem ser semeados, insinuados nas obras de imaginação, nunca desagregados nem descarnados. É verdade, no entanto, que o escritor só viverá pelos pensamentos que possam ser destacados de suas obras.

Ele tinha consciência do caráter confessional da obra quando medita: "A confissão é o pouco de verdade que existe entre os homens, e foi preciso torná-la segredo de Deus". Mas deles não guardou segredo de sua própria confissão, legou-nos com toda sua humildade e sabedoria. Sabia do valor do que estava escrito nos aforismos.

É muito interessante a leitura da obra porque, em muitos pontos, ele opina sobre autores que lê e, de repente, nos surge Shakespeare,

Dante, Shelley e outros grandes escritores que lhe despertaram interesse. Os pensamentos são curtos e ligeiros (ligeireza da pena), mas são profundos, revelando uma meditação cuidadosa sobre tudo o que registrou.

Joaquim Nabuco foi um conservador que lutou pela liberdade e contra a escravidão, não apenas dos negros, mas da alma. Sabia que esta última é a pior delas e todos os viventes estão sujeito a ela, independentemente das formas jurídicas vigorantes. Podemos vislumbrar esse seu conservadorismo desassombrado quando escreveu: "A liberdade é sempre popular. A ordem só o é, de verdade, *in extremis*, nas horas das convulsões". Sabia que ao verdadeiro estadista cabia conduzir as mudanças necessárias, porém sem fraturas. Ou seja, praticando a virtude do caminho do meio.

Você, caro leitor, vai apreciar cada trecho do livro, e, não obstante alguns momentos datados e até mesmo ultrapassados, pode-se dizer que o conjunto é apaixonante. Um livro curioso. Um livro obrigatório.

São Paulo, 28 de março de 2018

Prefácio do Autor

Os reflexos do ideal assemelham-se às pequeninas espécies que a noite gera em silêncio na sua escuridão. Para poder fixar-lhes os contornos vivos seria mister discerni-los na penumbra, onde surgem para logo morrerem. Vestem os mesmos tons que elas — tintas grisalhas do anoitecer, quando muito o burel amarelado do crepúsculo. Só em espíritos muito altos, muito puros, passam às vezes algumas que tenham asas de ouro. Tais imagens só podem ser manejadas à sombra mesma da meditação em que nasceram. Não é, pois, sem receio que me atrevo a expor à luz do dia algumas dessas impressões que escapam sempre e se destroem ao pensamento como falenas à luz.

Joaquim Nabuco

PARTE I

1

Há máquinas de felicidade dispendiosas, que funcionam com enorme desperdício, e há outras econômicas, que, com as migalhas, da sorte, criam alegria para uma existência inteira.

2

Numa vida profundamente atormentada seria possível muitas vezes encontrar-se felicidade para várias outras existências. Da felicidade que um homem malbarata, sem lhe suspeitar o valor, outros homens tirariam alegria para toda a vida, assim como as sobras da mesa do rico dariam para sustento de mais de um pobre.

3

As vidas são como os climas. Uns alegres, suaves, temperados, outros rudes, frios, ventosos. As raças mais robustas são as que precisam lutar contra o clima, os caracteres mais varonis são os que precisam lutar contra a vida. Mas a doçura, quer do clima, quer da vida, deve ser tida como dom gratuito de Deus. Certas colheitas só podem provir da própria munificência da natureza.

4
A vida mais desejável é a que não causa nem inveja, nem compaixão.

5
A certos corações, só a desgraça poderia dar satisfação completa. Há neles um fundo de lágrimas a que só o sofrimento pode abrir caminho, e, enquanto elas não romperem em desabafo, o efeito interno que produzem é de turbar e azedar. Surgindo a desventura, toda sua atividade é posta em movimento. Homens tornar-se-ão mesmo santos, consagrando-se à contemplação, à caridade. Mulheres, serão as viúvas e as mães inconsoláveis; o amor encher-lhes-á o coração - amor absoluto.

6
Todas essas são naturezas nascidas para a dor. Sem a dor não se teriam livrado do egoísmo, sob cuja influência os homens não passam de jogadores da própria vida, e as mulheres, de jogadoras da vida alheia. A dor transmuda o libertino em apóstolo, a fúria, em irmã de caridade. É uma domesticação da alma, mais poderosamente eficaz do que aquela que Deus opera muitas vezes pela generosidade dos seus

dons. Para amansar o egoísmo, não bastaria a lira de Orfeu, vencedor de feras. Só o fel das lágrimas o pode dissolver.

7

Não sabemos que partes do alimento que ingerimos serão por nós aproveitadas. O modo por que o nosso corpo elabora a vida escapa-nos por completo. Ignoramos igualmente que impressões ou emoções de cada dia se transformarão no nosso espírito em alimento ou em tóxico. Um fato que nos alegra pode ser causa de uma depressão profunda, assim como de uma iguaria que saboreamos pode resultar um cansaço mortal.

8

O que torna a lembrança do passado por vezes tão dolorosa não é a mudança dos outros para conosco; são as mudanças em nós mesmos.

9

Guardai a dedicação depois de se ter apagado o amor, a veneração depois de ter perdido a fé, a gratidão depois de pagar a dívida, a generosidade depois de retirar a estima.

10
Se é que existe, a verdadeira ventura chama-se fidelidade, mas é só daqueles que abrem mão de ser felizes.

11
Para bem gozar a vida é preciso não evitar o contato com a dor, mas absorvê-la em pequenas doses constantes, a exemplo de Mitridates absorvendo o veneno.

12
Nas grandes dores é preciso pedir a Deus horas de olvido. O esquecimento é o sono da alma, que tem o mesmo direito ao repouso que o corpo.

13
A felicidade é a admiração do belo em companhia daqueles com quem estamos em harmonia.

14
Quem pudesse esquecer-se a si mesmo viveria toda sua existência num mundo sem morte.

15
As renúncias cá na Terra serão sempre proporcionadas à duração da vida que aspiramos: para viver nos filhos, muitos sacrifícios são necessários; para viver na posteridade, ainda maiores; para viver na eternidade, torna-se preciso o desprendimento total.

16
A virtude é a melhor das economias porque é a economia sem privações. O único pecúlio real é o que tiramos de nós mesmos.

17
A dor esculpe em cada um de nós um ser diverso do que éramos. Nas mãos da juventude, plasma-o em cera; nas da velhice, cinzela-o em mármore.

18
Há mais suicídios no mundo do que imaginamos, mas são suicídios parciais. Muita gente destrói as mais belas porções de si mesmo, e não sua vida. Eis tudo. O homem que põe termo à vida não é culpado da maior deformação própria. Destruir-se por inteiro, de um só golpe, é respeitar mais seu ser imortal do que seria

mutila-lo, em vida, das suas mais nobres faculdades e aspirações. Não há maior crime contra Deus do que o suicídio, mas ninguém diga que seja a degradação máxima do ser humano.

19

A felicidade alheia repugna tanto a certas naturezas infelizes quanto aos invejosos mesmos.

20

O homem inveja constantemente aos outros aquilo que teria rejeitado para si.

21

Os invejosos invejam-se reciprocamente.

22

Muita gente se gaba, ou pelo menos se regozija, de nunca ter pedido, nem devido, a ninguém. Devemos realmente ser gratos a Deus que nos dispensou de pedir para receber; isto, porém, com inteira humildade, sem nos termos em melhor conta do que aquele que bateu a várias portas. A dependência é a lei humana por excelência. Se fostes exemplo, deve ser porque, à vossa frente, outros pediram por vós, ou porque, depois de vós, outros pedirão ainda.

23
É frequentíssimo encontrar gente que conte entre seus protegidos aqueles a quem recusaram servir.

24
Os espíritos do mesmo alcance e os caracteres do mesmo metal não são feitos para mesclar-se.

25
Nunca busqueis o pensamento; nunca penseis no vazio.

26
Não procureis a originalidade. Ela acompanha, o mais das vezes, inteligências medíocres. Só tem direito de ser original quem não procura sê-lo. O gênio não é feito de só originalidade. Esta precisa ser a expressão do pensamento ou da aspiração universal. A originalidade, por si só, é qualidade negativa; precisa juntar-se a outra para ter valor, e este valor dependerá da qualidade positiva que acompanha.

27
Assim como o corpo não se nutriria bem com alimentos já preparados para entrar no sangue,

também o espírito não se nutriria com pensamentos já feitos. O estômago quer ele mesmo efetuar seu labor, o organismo quer escolher aquilo que lhe serve e lhe é necessário, e não se conformaria com uma alimentação artificial que deixasse inativo todo seu mecanismo. Assim, o cérebro precisa destilar, ele mesmo, de uma massa de leituras aparentemente inúteis, ou de ideias incoerentes,a matéria para construir sua obra, precisa de viver vida própria. Não lhe seria nutritivo o pensamento puro, preparado de antemão para a assimilação.

28

Seria de lastimar que os grandes escritores não aproveitassem seu talento para restituir à circulação os antigos lugares comuns que desapareceram do curso à força de serem usados.

29

Muitas vezes, por causa de uma qualquer semelhança nas palavras ou nas ideias, haverá quem afirme que um escritor se inspirou em outro que, antes dele, havia dito aparentemente a mesma coisa, com ligeira diferença. Quem todavia perceber o sentido exato que cada um lhe imprimiu, verá que eles não poderiam se inspirar um no outro; que são pensamentos brotados espontaneamente de sentimentos opostos, de fontes de coração inteiramente diversas.

30
Nada é mais frívolo do que querer avaliar a força de um sentimento ou uma faculdade enquanto estiverem em sossego. Não podeis calcular o amor que tendes ao vosso filho enquanto ele dormir tranquilo; é preciso vê-lo sob o influxo da febre. Assim também só sabereis de que é capaz o vosso talento quando chegar a inspiração.

31
A própria cenografia deve ser verdadeira.

32
Descobri, se vos for possível, qualquer ideia nova, e não morrereis mais, contanto que fique bem assegurada vossa patente de invenção.

33
Será legítimo o seguinte raciocínio: "Tudo que eu possa pensar, ou merece ser dito, e então já

outros o disseram, ou nunca foi dito, e portanto não vale a pena que eu o diga"?

34
Quais são os mais altos cimos da inteligência? Onde se encontram? Nas cordilheiras da matemática, da arte, da filosofia, da política, da religião ou da poesia?

35
Em literatura, a época atual será para a posteridade uma Tanagra. E sobre fazer pequeno, ela não fez acabado, e sua graça é toda de artifício.

36
Para rejuvenescer, ou para conservar sua juventude, a humanidade precisa de fases de repouso intelectual. Convém-lhe, de vez em quando, uma cura de boa e franca estupidez. O arquivo da ciência poderia, no intervalo, ser confiado a um corpo de sábios, como, na Idade Média, foram entregues aos monges as letras da Grécia e de Roma. Nada se perca do que já foi adquirido, mas cesse toda produção a fim de que o pensamento se possa refazer.

37
Em milhares de livros há um que é o tema; os demais não passam de variações.

38
Parece pretensioso o uso do eu; no entanto a forma pessoal é a única que exclua toda pretensão. Quem a emprega traduz impressões recebidas, não emite sentenças, mas quem se veda o uso do eu, constitui-se forçosamente em oráculo.

39
Os pensamentos mais belos são como os lírios: esgotam o solo.

40
Raros são os escritores profissionais que deixam seu talento crescer livremente; cultivam--no quase sempre em espaldeiras.

41
Dos autores contemporâneos, os que têm maior probabilidade de se tornar universais são, em geral, aqueles que nós não conhecemos. Em primeiro lugar, subsistirão as fotografias instantâneas da nossa sociedade, os retra-

tos, as viagens (sobretudo em países que estão rapidamente se transformando e perdendo a originalidade), as cenas de interior. Tudo isso viverá a título de documento, e assim obras para nós inexistentes serão guardadas pelo futuro como se guardam as contas em tijolos dos mercadores chaldeanos.

42

São afinal pouquíssimos os escritores preocupados com o futuro remoto. Subir ao palco, ver-se aclamado pelos amigos e pelos contemporâneos, basta em geral para satisfazer sua ambição, sua exuberância de força intelectual. Aparecer só, ainda que no primeiro plano, perante os pósteros desconhecidos, isto lhes parece uma forma antes de morte que de vida.

43

Nossa era ficará sendo a era do romance. Isto significa que a França e seus satélites literários terão tido o adultério por alimento intelectual, como os coevos de Cervantes tiveram por alimento a cavalaria andante. E uma vez que o Dom Quixote desse gênero de literatura infelizmente ainda não apareceu, é de crer que ela esteja ainda longe de seu termo.

44

O homem de letras tem falhas pronunciadas, de inteligência, a ponto de parecer estúpido ao homem de negócios. Não deixa, porém, por isso, de se considerar, onde quer que se encontre o mais inteligente da roda. Nada é mais absurdo do que essa superioridade, afetada pelo artista ou poeta de qualquer categoria, diante, por exemplo, de um matemático cujos cálculos ele seria incapaz de acompanhar. Os literatos, e em especial os poetas, são os filhos prediletos da inteligência, prova de que a mãe idosa conserva sempre um fraco pela imaginação. Pelas recordações de infância todos têm a mesma queda.

45

Na tolerância está a verdadeira medida da cultura, e até mesmo sua honestidade.

46

Uma das maiores burlas dos nossos tempos terá sido o prestígio da imprensa. Atrás do jornal, não vemos os escritores, compondo a sós seu artigo. Vemos as massas que o vão ler e que, por compartilhar dessa ilusão, o repetirão como se fosse seu próprio oráculo.

47

Nada cansa mais depressa que o talento. Seu efeito é tão exaustivo que afastamos de nós autores amados, e gozamos desse instante de repouso.

48

Os modernos têm a pretensão de ter da arte grega a consciência que ela mesma não teve. Julgam serem os primeiros a conhecer a ideia que o artista realizou perfeitamente, mas que não soube desemaranhar. Toda arte é no entanto acompanhada de uma alma que é a única capaz de a sentir por completo. Não há usurpação mais indelicada, seja em literatura, em estatuária, ou em pintura, do que acreditar-se senhor da consciência da obra alheia. Em tal caso, a honra da criação reverteria de direito ao crítico.

49

Não é possível exprimir senão lados do pensamento; o pensamento, em seu conjunto, retira-se, mal percebe que o querem prender.

50

Assim alguma vez me acontece escrever uma

frase sob uma impressão qualquer; apagada a impressão, fica a frase, mas já não tem vida, não significa nada. Escrevi por exemplo: "Sem reservar o quinhão de Deus, não é possível gozar de nada." Hoje encontro nesta frase muitos sentidos, porém, daquilo que senti e me urgiu exprimir ao tomar essa nota fugitiva, nada ficou, de nada me lembro. Ficou a frase, com seu sentido claro, geral e vago, destituída do pensamento que já encerrou. A alegria interior que ela teve missão de perpetuar para mim evaporou-se.

51
Outrora só existiam em literatura as cores básicas; hoje só se escreve com cores misturadas.

52
O que constitui o gênio e a invenção de uma época ficará sendo a técnica, o lugar-comum, de outra. Uma onda de ideias novas, de frases bem cunhadas, que muito custaram aos autores, entra diariamente em circulação, e depressa se torna o palrar inconsciente dos iletrados.

53
Os maiores talentos são aqueles que exprimem com maior força e maior espontaneidade a sin-

geleza dos sentimentos. O gênio não é flor de estufa, mas lírio. Seu bulbo grosseiro é a turba.

54

É estranho não haver maior número de dementes entre os criadores de personagens trágicos, pavorosos, sobrehumanos. Vivendo, com eles, da mesma vida tétrica e anormal, num mundo fantasmagórico, esses sonhadores de pesadelos são pelo menos durante o tempo em que se entregam à fantasia, em que a excitam, e em que ela os prende, loucos temporários. Não tenho dúvida de que muita inspiração literária forte pudesse ser colhida nos asilos de alienados. No fundo, a ideia grega a respeito da poesia era de uma quase demência, mas os helenos não teriam classificado Homero de louco. É demência, na verdade, porém de uma espécie que requer muito bom senso, muito senso humano.

55

Os críticos sofrem de saturação e de tédio intelectual. Nada é mais falso que o ar de frescura e de juventude que eles assumem, fazendo crer que a leitura ainda lhes pode dar sensações verdadeiras.

56
A qualidade do alimento tem tanta, ou mais, importância na vida do espírito quanto na do corpo. Certas anemias intelectuais provêm da pobreza do alimento a que nos habituamos. Nutrir-se apressadamente, ou nutrir-se de tudo é, para o espírito, o mais depauperador dos regimes. Esgota, entulhando e fatigando. Por outro lado, somente os maiores pensadores podem jejuar, como os monges do deserto a quem Deus mesmo alimentava em sua hora.

57
A gente de espírito acaba sempre sendo vencida por aquilo que ela considera a tolice humana.

58
Os livros de jovens agradam como agrada uma bela manhã, mas os livros que amoldam são obra da vida realmente vivida.

59
A profissão de escritor merece toda piedade. Escrever para ganhar o pão, escrever para viver, é deformar o talento.

60
A eletricidade mental é o que mais dificilmente conseguireis transmitir à página que escreverdes; a frase pode registrar a ideia que vos acudiu sem nada comunicar da emoção que ressentistes e, se não fixardes essa emoção, a ideia parecerá aos outros fria e sem valor.

61
Nada impede que a literatura seja tida como pura ociosidade de espírito no dia em que se atrofiarem, em favor de outras, as faculdades que a produziram. No uso da imaginação, há uma tendência infantil que no futuro procuraremos, quiçá, esconder ou reprimir. A arte de dizer bem terá sempre êxito garantido, mas a arte de imaginar talvez cesse de encontrar quem se entretenha com ela e assim o homem poderá vir a se envergonhando próprio gênio já se pressente isso.

62
O critico foi o agente da democratização, das letras, as quais serão sempre, forçosamente, uma democracia.

63
O mercado de livros matou a obra literária. Desde que as letras se tornaram fonte de renda, era forçoso transformar-se o literato também em industrial. Escrever ou compor, por amor à glória, como Sodes ou Cícero, era evidentemente violentar a inspiração, mas aí o estimulante era natural, era próprio do gênio, intensificava-lhe o surto. O lucro não tem as mesmas afinidades com a inspiração que têm a glória ou a liberdade.

64
O mesmo acontece com as artes, e, no entanto, nenhuma obra feita sem o propósito de lucro poderá atingir, sobretudo de agora em diante, o nível que o público moderno requer. Apresentaria um cunho de inocência infantil, apto a provocar o sorriso dos artistas ou dos críticos profissionais. A arte religiosa é a única que pode ser ingênua, pois ela exprime o sentimento dos corações simples, e estes não rejeitam a ingenuidade.

65
Procurai ver na obra antes a estrutura que o

enfeite. Este poderá às vezes assegurar-lhe a vida, mas raramente lhe emprestará grandeza.

66

Renan não poderia escrever uma página sem mel; nele, até o fel tem doçura. Há escritores, pelo contrário, que só produzem fel, mesmo com o perfume das rosas.

67

Lembrai-vos, contudo, que foi o fel do peixe que restituiu a vista ao velho Tobias. Na vida, também, certas curas se realizam pelo fel. Nunca, porém, deve ser nosso próprio fel.

68

Não tomeis por companheiro um escritor cuja magia vos amoleça, nem um, tão pouco, que vos agite a alma, menos ainda aquele que vos turve, ou excite, os sentidos; tomai algum que vos ampare interiormente. Parecem-vos áridos os livros religiosos? Escolhei então outros, contanto que vos infundam calma e firmeza. Lede um pouco de tudo, assim como frequentais gente de toda espécie, mas na vossa vida íntima não deixeis penetrar senão o escritor seguro.

69
O poeta deve preferir o passado; o sacerdote, o presente; o cientista, o futuro.

70
Pergunto: tendes um grande talento e nunca vos foi possível revelá-lo? Consolai-vos. Pertenceis àquela reserva da humanidade que Deus nunca convoca.

71
De que adianta ter talento se cabe ao público decidir a questão em última instância? Ele vos persuadirá que não tendes nenhum.

72
O mundo é dos ambiciosos, mas um dia a verdadeira ambição estará em ser humilde.

73
O escritor profissional é semelhante ao ator, que o ofício obriga a uma contínua estereotipia de si mesmo. Dos dois, porém, o ator é menos digno de pena, porque não se renova tão frequentemente.

74

A arte dramática é, realmente, pura estereotipia. O ator fixou seu papel de uma vez, e limita-se, em cada representação, a tirar nova prova. Em arte alguma pode o artista anunciar uma demonstração de gênio e de inspiração, diariamente, à hora do cartaz. O que ele faz é reproduzir sua criação, como o impressor reproduz uma gravura.

75

Quem vive do ofício de escritor deve proceder com o maior cuidado, a fim de não perder para sempre o veio de inspiração. Que uma parte do vosso talento seja para vós encargo sagrado, e tida como um instrumento dado por Deus em vista das suas próprias ordens. Não introduza esta nos contratos que firmardes sobre vosso intelecto. Deixai-a rigorosamente à parte.

76

A profissão de escritor é talvez a que mais deforma o talento. Sua obra torna-se odiosa como a tarefa ao escravo.

77

A vaidade é o fundo de certas inteligências e é

a forma de outras. Há talentos que são vangloriosos por natureza e que se exibem a exemplo do pavão, por ser isto próprio de sua espécie. Nenhum espírito verdadeiramente superior pode encontrar esse deleite em si mesmo. Embora ame profundamente sua obra, ama-a de um amor objetivo; semelhante ao que inspiram os filhos.

78
Ser vaidoso é também, muitas vezes, questão meramente de idade ou de circunstâncias: chegado o momento de realizar a tarefa, útil e duradoura, de uma vida, o espírito perde forçosamente a leviandade que antes lhe permitia comprazer-se em si mesmo. A importância da obra pode transformar muito caráter que a ociosidade tornou fútil.

79
Escolhei um público que vos obrigue a elevar-vos acima de vós mesmos; evitai aquele que vos leve a exceder-vos.

80
Todo autor, nascendo uma geração mais tarde, repudiaria sua obra; não há um que, ao enve-

lhecer, não acredite ter progredido sobre sua mocidade.

81

O crítico que explica uma obra pelo meio que a produziu é semelhante ao profeta que só sabe pressagiar acontecimentos passados. Se o clima, a conformação, a sociedade, os gostos de cada país, devem produzir uma determinada arte ou literatura, como explicar então que nunca é possível conhecê-la antecipadamente, nem fixar-lhe um traço qualquer antes de o ter visto?

82

No meio físico, é especialmente difícil confiar. Na mesma região encontra-se, ora uma atmosfera sibarita, ora uma atmosfera ascética. Qualquer desvio ligeiro na visão interior basta para arredar da natureza mais bela do mundo o olhar dos seus habitantes. Basta outro desvio pequeno para inundar de contentamento os possuidores de uma terra estéril ou de um céu brumoso.

83

Dá-se o mesmo com o ambiente moral e com o

meio social. Que Shakespeare ou que Molière tenham os característicos da sua raça e do seu tempo é coisa muito natural. A dificuldade não está em descobrir, no escritor, esse traço coletivo, nacional ou histórico, senão em formular a síntese de sua individualidade, o que ele foi dentro de sua época. Tudo, afinal, pode reduzir-se a hidrogênio. De nada adianta estabelecer as relações da literatura e da arte com o meio, porque o gênio é sempre uma formação singular, à parte; é a exceção, e não a regra.

84
As raras ideias verdadeiramente nossas são aquelas cuja semente não nos veio de outro espírito. E haverá alguma?

85
Não invejemos o crítico em busca de sensações finas, aquele que procura ver tudo através de um prisma seu e novo. Consome-se a si mesmo. Não há verdadeira poesia que não venha do fundo comum, indiviso, da humanidade.

86
Vede Goethe; é a perfeita saúde de espírito dentro das mais altas regiões intelectuais; no

entanto, ele pensa e sente com os outros; não é um solitário, nem um saciado, nem um exigente, à procura de sensações desconhecidas, e querendo gozar das coisas de modo diverso e apartado de todos. Vê-se a grande maré humana, chegar nele ao seu preamar, nada mais. Das impressões mais triviais, sabe destilar a mais ideal poesia. Não fabrica mel unicamente com essência de rosas, extrai-o de qualquer planta da selva. Não há quase emoção sua que o sibarita esteta dos nossos dias não achasse banal.

87

Considera, outrossim, os pintores da Renascença. Dá-se com eles o mesmo que com Goethe. Antes de tudo são homens, vivendo aviria comum, transcrevendo-a nas suas criações, gravadas com o cunho pessoal de cada um. Produziram obras inconfundíveis, mas seu pensamento, suas afeições, sua vida, empregaram-nos como toda a gente, sem procurar a sensação requintada do momento, nem gastar sua sensibilidade em persegui-la.

88

A verdade é que a arte brota da sensibilidade, e que se, por excesso de sutileza, reduzirdes esta a um filete tênue, ao qual compete ainda filtrar-se por entre camadas de indiferença e desprezo, correis grande perigo de destruir o jato da fonte.

89
A ferramenta é nada; o talento, tudo. Não credes que alguém deixasse de ser um grande pintor pela falta de uma caixa de tintas. Um pedaço de carvão lhe bastaria, como a Apelles.

90
Muitos talentos terão passado por insignificantes só por não terem tido a coragem da própria originalidade. O gênio requer caráter e audácia.

91
As grandes obras, vivas em todas as suas partes, serão afinal somente aquelas que foram feitas com os materiais da própria época e do próprio meio. Tudo quanto fizerdes com material de outros tempos, seja reconstrução, seja antecipação, não passa de ensaio.

92
Ao lado da literatura mestra do nosso tempo, que foi, é mister confessar, para a raça latina, a

literatura do adultério, existe felizmente o trabalho dos pensadores e dos pesquisadores, que tantas ideias novas semearam, uns, e tantas coisas esquecidas restauraram, outros.
Mas os homens de letras arrogam-se o direito de colocar todos estes fora da literatura.

93
Nos tempos de hoje, em arte, o que aparece tem mais importância do que o que não aparece; a superfície vale mais do que o fundo.

94
O artista muita vez encontrará, para aquilo que não pode mostrar, um meneio gracioso, semelhante ao movimento da parisiense deixando ver as rendas sob a saia.

95
O gênio constrói sempre quadros onde possam caber não apenas as ideias do seu tempo, senão as de todos os tempos.

96
Basta mudar as fachadas das grandes obras para torná-las contemporâneas de qualquer época.

97
Em qualquer obra tereis que escolher entre a extensão e o acabamento, entre a profundidade e o brilho.

98
Os espíritos que registram bem ideias em voo não têm a necessária concentração para trabalhar a fundo uma ideia única. O pensamento foge-lhes ao instrumento. Posteriormente à leitura do que ele mesmo escreveu, nem o autor perceberá a ligação que existe entre as diferentes partes do trabalho.

99
O homem célebre não passa de postulante à glória.

100
A glória é um processo de apuração que nunca para. À medida que a humanidade envelhece e que suas recordações se vão amontoando, tornam-se necessárias novas seleções. Séculos inteiros são depurados nesses escrutínios, sem que sobreviva um nome sequer. Um dia os imortais se unirão aos anônimos no esquecimento final.

101
Certos espíritos são como as espécies aromáticas cujo incenso é a combustão da própria essência. O espírito francês é em geral incombustível; seu perfume não é senão uma suprema destilação.

102
Os espíritos verdadeiramente superiores são lâmpadas sempre acesas no santuário.

103
O pensamento elevado é triste e solitário; o gozo de pensar está na arte de dizer finamente.

104
Escritores há cujo deleite consiste em seguir o próprio pensamento como a fumaça do charuto, cuja nuvem azulada se encaracola e, lentamente, se apaga; outros amam recortá-lo como papel rendilhado, ainda outros gostam de senti-lo ressoar em seu espírito como música. Todos esses são jograis; só têm por função divertir, a si mesmo ou aos outros.

105
O pensamento elevado é solitário e árido, como

a eira das águias. A dor acompanha sempre a concepção do que é verdadeiramente grande. Aquilo que for destinado a viver, paga-se com a vida; causa antes angústia que prazer. Só quando o homem treme é que pode sentir-se imortal.

106

A literatura de outras eras não pode suprir a literatura dos nossos dias. Cada geração quer exprimir seu próprio pensamento, e nunca duas épocas diversas, nem sequer duas gerações sucessivas, tiveram os mesmos ângulos intelectuais de visão. Não é como para a indumentária, questão de moda, mas de mudança interior.

107

Os nossos contemporâneos terão, portanto o campo livre para exercer seu talento. O escritor de ontem, se não for esquecido, transformar-se-á em clássico - é dizer que envelhece tão depressa quanto às mulheres formosas de seu tempo. Em literatura, como em beleza, a mocidade nunca perderá seu privilégio. A sensação presente só pode ser encontrada nos escritos da própria época. Os do passado transportam o leitor para um estado de espírito que não é o seu; o gozo, que lhe traduzem, traduz-se em isolamento.

108

É excessivo o mal que dizemos do gênio do nosso século, confrontando-o sempre com as grandes criações que marcam os confins do pensar humano. O futuro pode vir a decidir que um século iniciador de tantas ideias não precisava, para dominar de alto os demais; produzir uma dessas obras isoladas em que, por assim dizer, se refugiam contra o esquecimento, as ideias de toda uma época. O nosso século terá espraiado seu gênio em vez de concentrá-lo numa só obra.

109

Os críticos são as aranhas da literatura; é impossível não admirar a maravilha das teias invisíveis que eles lançam de ideia a ideia, para imobilizar as pequeninas moscas, ou o cordão de seda com que os mais fortes da espécie estrangiam até grilos. Pertencem portanto à classe dos carnívoros e seu instinto é de nível inferior ao da abelha, que prefere fabricar seu mel.

110
O crítico de ideias descobre, após certo número de livros ou de ensaios, que gastou seu capital. Será então muito pouco crítico se não mudar de ponto de vista.

111
Basta mudar de ponto de vista para reconstituir logo vossa provisão de ideias. Se fordes, por exemplo, crítico materialista e vos sentirdes esgotado, virai vossa objetiva sobre a religião. Ficareis admirado com a profusão de novos descortinos.

112
Os críticos saqueiam muitas vezes as vítimas que esfaquearam. Prestai atenção para ver se pouco depois não aparecem, cobertos das vestes e joias da mediocridade que eles executaram publicamente.

113
As palavras só nos vêm à memória quando precisamos delas, isto é evidente; no entanto algumas, tão bem esquecidas estavam e tão fracos vestígios nos deixaram na memória que, ao primeiro momento, não as reconhecemos,

quando se apresentam após uma longa ausência. Tomamos então do dicionário para verificar sua identidade. Era, com efeito, a palavra necessária. Mas quem então guarda, dentro de nós mesmos, em ignotos subterrâneos, tanta riqueza enterrada, de cuja existência nem suspeitávamos?

114

Será possível um dia demonstrar que determinada obra intelectual constava dos planos da natureza da mesma forma que a cristalização de um brilhante?

115

O que se pode afirmar é que o gênio é irresistivelmente impelido a produzir sua obra, a qualquer preço, mesmo o da morte, como se fosse o resgate de uma dívida de honra. Será ela realmente sua dívida para com o universo?

116

Poucos são os escritores cuja personalidade não possa ser reconstituída pela frequência ou pela acentuação de seus epítetos.

117
Há tons e matizes de sentimento que só podem ser apreendidos por quem os tiver experimentado. Essa psicologia de um autor pelas suas observações morais seria uma tentativa de grande interesse. Se conheceis bem o autor, conheceis o homem. É grafologia que não engana.

118
Adivinha-se a poesia das almas pelos vocábulos prediletos. A repetição ou o relevo de certas palavras indica a natureza, o estado d'alma, indica as afinidades latentes, a quem souber avaliar o alcance e a extensão que foram dados a esses vocábulos reveladores. É preciso, porém, levar em conta a ressonância pessoal das palavras em espíritos diversos. Determinado vocábulo que para um é banal, incolor e inerte, pode ser para outro um toque de clarim, despertando todas as energias da alma.

119
Param os homens, em admiração, diante das rosas. À roseira não dão sequer um olhar.

120
Os mais vis plagiários são os que copiam contradizendo.

121
As mais belas ideias não são as que se cristalizam em versos. São as que os poetas deixaram se dissolver em lágrimas.

122
O pensamento que nos atravessa o cérebro pertence-nos tão pouco quanto o relâmpago pertence à nuvem que ele ilumina.

123
A companhia de um espírito opaco corresponde, às vezes, para a inteligência, ao regime da câmara escura para olhos doentes.

124
Cada um se julga nascido para aquilo que não realizou, prova de que o homem recebeu germes de tudo.

125
Milhares de coisas que foram ditas e escritas do modo mais claro e mais preciso deixaram de

ser inteligíveis para nós. É por se lhes ter evaporado o espírito. A vibração inteira das frases e até das palavras mudou. Não sentimos mais o que o autor quis exprimir. Nossa alma não é a sua. De uma geração a outra, tudo precisa ser traduzido. O pai e o filho não falam mais a mesma língua no que diz respeito à imaginação e ao sentimento.

126
Será que a pátria favorece a mediocridade e que se houvesse um único Estado, único seria também o nível intelectual? Mas que vantagem haveria nisso para a expansão do pensamento? Com as diferenças de raças e línguas, não é possível adotar para a inteligência uma medida uniforme. Pelo acaso feliz do nascimento, um espírito de segunda ordem pode atingir o primeiro plano, com um cabedal de ideias que, em outro país, não lhe permitiria ser classificado. Podeis tornar patente o vazio de seu pensamento, a sua pobreza de recursos, mas sempre lhe restará a superioridade local, e assim ficará consagrado grande escritor nacional. A pátria é incontestavelmente um poderoso acumulador moral, uma fonte de inspiração, mas é também até certo ponto a bonificação da mediocridade.

Por outro lado, a pátria se confunde com a língua, e a pluralidade de línguas e de raças foi talvez o fator mais forte do progresso do pensamento. Em toda parte, ela impediu a uniformidade e criou a originalidade.

127
É bom, em todo caso, que a humanidade possa dispor alternadamente de gênios de várias raças, e isto seria impossível sem a existência de pátrias nacionais diversas. À cultura uniforme seguir-se-ia a decadência uniforme, e não haveria recurso contra o espetáculo de um novo bizantinismo, desta vez universal.

128
A literatura religiosa distingue-se das demais em ter por qualidade suprema o fervor.

129
Entre os grandes espíritos há alguns que se assemelham a rochas nuas e estéreis: outros, a campos de ricas searas; outros, a minérios escolhidos no solo.

130
Para os escritores certas palavras, ou grupos de

palavras, indicam a fecundidade ou a esterilidade do talento, assim como certas espécies de árvores indicam logo a qualidade do solo.

131
Encomendai um retrato ou um busto a pintores ou escultores de nacionalidades diversas, e parecereis francês ou alemão, inglês ou italiano, espanhol ou norte-americano, segundo a raça do artista.

132
Mesmo na música, insinua-se o ar do país.

133
Em literatura o que é meramente gracioso pode ser uma pura maravilha, mas não passa de um ornato, como a borboleta na natureza.

134
O homem não é um criador no sentido verdadeiro da palavra; suas melhores obras só são belas pela perfeita interpretação e reprodução da natureza ou da realidade.

135
Há uma linha na cultura intelectual além da qual o espírito se torna estéril.

136
Também há uma cultura extremamente fina, mas que, pelo desagrado de tudo, confina com a incapacidade de sentir. É a impotência do espírito.

137
Os personagens literários não passam de autômatos, incapazes de dizer e de fazer outra coisa senão o que o romancista o dramaturgo lhes pôs nos lábios ou nos papéis. Um crítico verdadeiramente criador indicaria logo ao escritor onde está a diferença entre seu personagem e a vida. Está na liberdade.

138
Aos retratos à pena falta, em geral, coerência nos traços, exatidão no colorido. Sem auxílios suplementares não seria possível reconstituir nem cenas, nem retratos vivos. As criações que não são desdobramentos do autor são puramente imaginárias.

139
Acreditais que abrigando numa grande biblioteca ou num museu um livro que encerre alguma bela página, tereis salvo essa página? É como se pensásseis conservar uma essência preciosa despejando-a no mar. Tantos serão os livros que, ao fim de algumas gerações, será necessário recorrer ao pilão ou ao fogo.

140
Não foram os estetas que fizeram as lindas coisas deste mundo. Nem os vilarejos engastados nas montanhas, nem as vestes pitonisas dos camponeses, nem as canções, nem as palavras sonoras. Não inventaram nada. Creem-se, no entanto, a alma do mundo; só por eles a beleza tem sentido, o gozo dela é privilégio seu, é só deles sua ressonância interior.

141
Em tudo é a correnteza da vida que leva o homem. Tanto entre os escritores quanto entre aqueles que bracejam com dinheiro, ou com homens, são raros os que preferem o esforço ao êxito. Muito poucos são aqueles que teriam preferido o destino de um Spinoza, ou, em escala muito menor, o de um Amiel, à sorte de

algum dos condutores de coxilhões literários da imprensa, do romance ou do teatro. É ou não verdade que entre escrever algumas frases que sobrevivam ou encher o mundo com a algazarra de vosso nome, trocaríeis cem vezes a glória póstuma pela apoteose barata de uma sala de espetáculo?

142
A impressão geral causada pela literatura moderna é a de um imenso esforço para suprir a falta de inspiração.

143
Não lograreis convencer um poeta de que o bom senso vale mais que a imaginação. E ambos, tereis razão. A diferença está nisto: o bom senso, para ter valor, precisa ser qualidade coletiva. Se fordes o único a possuí-lo, vosso bom senso não trará proveito à sociedade. Ela, ao contrário, lucrará muito se fordes o único a possuir gênio. É a diferença que existe entre as pedras com que construímos e as pedras com que nos adornamos.

144
Os poetas de hoje têm o mais sincero desdém

por Lamartine e seus companheiros, poetas da Restauração ou românticos de 1830, mas enquanto estes cantavam como aves em liberdade, os novos poetas parecem pássaros mecânicos, de um movimento complicado, sábio, impecável, porém inteiramente artificial.

145

Toda criação é, para o gênio, de algum modo um suicídio, ou pelo menos uma transfusão do próprio sangue em outras veias. Acresce que as veias imateriais das criaturas da imaginação são as que mais absorvem. E só tomam do melhor.

146

A arte literária, de que tanto se vangloria nossa geração, é, afinal, condição de mediocridade. O escritor que rejeita qualquer expressão que não o impressione pelo descomum é um espírito estéril e de segunda ordem. As obras mais admiráveis não o são pela matéria que as compõem; qualquer punhado de barro basta aos dedos do gênio para exprimir um pensamento imortal. Exigir novos metais, ou exigir novas rimas para a expressão de um pensamento, já é demonstrar o parco valor desse pensamento.

147
Em geral essa gente delicada e exigente tem unicamente o talento que deriva do seu método de trabalho... Na caça à rima, topam com efeitos e combinações inesperadas; cavando as palavras, descobrem, por vezes, um veiozinho de ouro... Chegam pela palavra ao pensamento, não pelo pensamento à palavra, como todo verdadeiro criador.

148
O espírito, para poder criar, reclama intervalos de repouso. Certo é que a imaginação pode ser tratada como vaca leiteira, tirando-se lhe a substância, enquanto houver. A produção espontânea é, porém, o único verdadeiro padrão do gênio.

149
O tempo só respeita, na ordem intelectual, os criadores; na ordem moral, os tipos; e na ordem histórica, os elos.

150
Pobres inventores! Não passam de principiantes.

151
A alma do escritor, que é alma de artista, não deve ser confundida com sua técnica, com seu toque. Acontecerá, no entanto, uma vez ou outra, a um grande espírito sentir-se nulo perante um escritor hábil, em virtude da felicidade de expressão deste último e da finura, exatidão e variedade dos seus matizes.

152
Traduzi Ruskin em francês, ou Renan em inglês; perderiam a alma. A alma do escritor é feita em grande parte da sua língua. De uma raça a outra, duas palavras imateriais não podem ter o mesmo valor, nem o mesmo peso.

153
Além disso, existe em inglês uma música de palavras, quiçá mais etérea do que tudo que se possa ler em qualquer outra língua. Assim são os versos de Shelley, sugestivos do voo, do encontro, do roçar e do sussurrar de espíritos. Isoladas, as palavras podem ser agudas, ásperas, berrantes; o poeta, no entanto, compõe com elas um acorde que é, realmente, mais imponderável do que qualquer outra combinação de sons em língua humana.

154
Sobressai mais o talento numa frase isolada de Schumann, por exemplo, ou num verso de Goethe, que numa longa peça dramática. Isso porque a inspiração não passa em geral de uma ideia, uma convicção, um estado d'alma. Somos nós que construímos em redor dela um imenso andaime, em geral pueril.

155
O tema de um trabalho, quer de história, quer de ficção, é apenas o libreto do escritor, coisa que o público põe de lado, como as palavras de uma ópera, para procurar a frase musical nele encerrada. Há muito autor que não tem senão uma frase que lhe serve, como no teatro de Wagner, de *leitmotiv*. E como envelhece depressa o resto da obra! Quer em literatura, quer em música, só sobrevive o *leitmotiv*.

156
É a vossa impressão pessoal das coisas, o som que a vida vos arrancou do coração, e não vossas pesquisas, nem vossos estudos, que dará vossa verdadeira medida. Não deixeis, pois, entrar em vossa frase senão o que tenha passa-

do pelo vosso sentimento, e traga algo de realmente vosso.

157

É vantajoso para certos espíritos conservar-se no estado natural. Para estes talvez não logrem resultado o arado e a semeadura, em vista de uma seara qualquer. Sem cultivo, porém, poderão oferecer-vos, no meio de muita erva inútil, algumas flores que tenham valor próprio.

158

Do pensamento que estava inerte e frio, brota subitamente uma ideia. Quereis chegar-vos a ela, e para tanto precisais remover o entulho que a cerca. É arte mais difícil que a de captar uma fonte. A ideia, que vos alumiou um instante vai se tornando mais indistinta à medida que aprofundais as escavações em pouco dentro de vós, um cálido jato da alma, logo arrefecido. Esses veios d'água subterrâneos, que nunca se conseguem captar, correm em muita gente.

159

Os franceses desconfiam do gênio. Só admiram sinceramente aquilo que for bem podado, bem nivelado, perfeitamente regular. Têm o culto das médias.

160

Os grandes criadores reconhecem-se mais depressa pelas articulações que esboçam que pelas figuras mesmas que desenham.

161

A "alma de artista" alimenta-se de desdém por tudo quanto não atinge a perfeição. Triste estado interior é o desta pretensa superioridade! O homem vulgar goza do mundo com inteligência que os que já se enfastiaram literariamente de tudo. Tem o direito de qualificar a este de estéreis, de inúteis. Na "alma de artista" o que mais falta é alma.

162

Será que compor belos poemas ou bela música é ocupação tão nobre quanto passar o dia visitando pobres, indo de desventura em desventura, a levar consolo? O gênio, no entanto, será decantado; a caridade cairá no olvido. Quanto a mim, duvido que algo de realmente grande aos olhos de Deus seja um dia glorificado pelos homens.

163
A seleção intelectual reduziria depressa a humanidade à cretinice; a seleção artística, ao egoísmo; a seleção religiosa, à esterilidade. Manter a saúde, a força e a alegria é função daqueles que não cogitam de se sobrepujar a todos e a eles mesmos.

164
Jovens, que ambicionais abrir vosso caminho, não tenhais receio da concorrência dos mais velhos; sede moços e rompereis naturalmente, como os rebentos da primavera furam a casca da árvore vetusta. A só mocidade, se for realmente a vossa que expressardes, vos levará ao êxito. O escritor célebre já representa, por isso mesmo, um estado de espírito que pertence ao passado. Não toma o lugar dos moços.

165
Infelizmente não são só as gerações que envelhecem uma após outra; envelhece também a raça em conjunto.

166
Quando dizemos que um escritor, Molière, por exemplo, é sempre jovem, entendemos

apenas que o fundo de verdade humana que ele soube recolher e exprimir permanece sempre o mesmo. Não é o escritor, nem sua obra que conservam a frescura, é a sempre jovem humanidade que se reconhece nos traços de uma época diversa e que encontra nisso tanto prazer, senão mais ainda, quanto recebe de sua imagem atual.

167
Uma grande obra hoje não viria a propósito. A literatura transformou-se num salão onde, por mais baixo que a gente fale, fica com receio de estar gritando. O escritor teme qualquer excesso. Ao menor surto, sua imaginação parece-lhe desgrenhada como uma fúria ou lasciva como uma bacante; o bom gosto aniquilou sua individualidade.

168
Em última análise, o estilo é uma questão de maneiras. O escritor polido fará ao seu público todas as concessões possíveis.

169
É impossível ao escritor escrever sem se trair, porque não pode criar senão à própria imagem.

Não terá todos os sentimentos que empresta aos seus personagens, mas estes só terão sentimentos ao alcance do autor.

170

Há em Shelley, além daquela música da palavra a que já fiz referência, uma fantasmagoria psíquica em que o profano se deleita, sem a compreender, o espírito sadio e vigoroso preferirá nesse poeta os flagrantes das sensações que alegram os sentidos e aumentam a segurança da vida.

171

A humanidade só atinge por muitos poucos ao pensamento, propriamente dito. Constituirão estes poucos a elite da espécie? Mas o pensamento estéril, por mais belo que seja, não dá direito à primazia: a orquídea não se classifica acima do trigo ou do linho. Resta saber, quanto ao pensamento útil que se transforma em instrumento de progresso, se é ou não possível afirmar que os que o produzem formam a elite do mundo?

172

O pensamento elevado, o pensar, propriamente dito, é triste; pelo menos é tão grave que o júbilo resultante se acompanha de um frêmito. Ao invés disso, ter noções de tudo, ter saídas imprevistas, lapidar frases felizes, toda essa sociabilidade dos estilistas em voga, é prazer equivalente ao de frequentar a boa sociedade.

173
Todo aquele que, para poder ingressar em determinada roda social, precisou pagar tributo com qualquer talento ou qualquer esforço, não passa de intruso que forçou à porta.

174
Não há nada mais fatigante do que ler pensamentos. Em verdade, é difícil saber de que modo servi-los ao público. Alguns espíritos poderão encontrar distração na leitura de uma série de teoremas, mas estes espíritos são raros. O pensamento solto pode ser o registro de um relâmpago que vos atravessou o espírito, ou de um estado interior passageiro. É uma "moralidade" sem a respectiva fábula. É como se, em vez de atores para representar, o diretor de cena atirasse ao auditório, para ser meditada, a tese de que o autor cogitou tratar. Os pensamentos devem ser semeados, insinuados nas obras de imaginação, nunca desagregados nem

descarnados. É verdade, no entanto, que o escritor só viverá pelos pensamentos que possam ser destacados de suas obras.

175
Ninguém aceitaria jantar convosco, se o cardápio consistisse em substâncias de laboratório, já prontas para a assimilação.

176
Um pensamento só empolga deveras quando exprime uma impressão já experimentada.

177
O paradoxo é a mentira intelectual, à qual não é bom habituar o espírito.

178
Ser César e escrever os *Comentários* é próprio de um homem que compreende a vida; mas desistir de governar o mundo para fazer figura de escritor ou de pensador é cuidar mais do seu próprio espírito do que dos homens. No entanto nenhuma verdadeira vocação intelectual consentiria na troca. Que teria lucrado Aristóteles em ser Alexandre, ou Sócrates em ser Péricles?

179
O poeta de imaginação, pela necessidade que tem de ver tudo através de comparações, priva-se frequentemente do gozo real das coisas e, em certos casos, priva-se para sempre. Sully-Prudhomme, por exemplo, a Ursa Maior afigura-se *Pareille à sept clous d'or plantés dons un drap noir...*
Seria natural esta impressão num cérebro que não fosse de poeta e, portanto, sempre à espreita de imagens, ou pelo menos sempre arriscado a encontrá-las? Pelo fato de a ter visto um instante sob esse prisma, nunca mais verá a própria constelação, mas em seu lugar esse negro pano de exéquias. Tomai, por outro lado, o *Vase Brisé*. Que fonte perene de alegria não criou Sully-Prudhomme com essa simples imagem!, e justificadamente, porque esta é das que entram naturalmente na linguagem humana.

180
Apresenta-se um cavalheiro: "É poeta." Outro: "É pintor." Um terceiro: "Romancista." Isso, evidentemente, é o principal; o artista pretere o homem, suprime-o. Sua especialidade lhe é imposta. Transformado numa espécie de judeu errante da profissão, é obrigado a caminhar

sem parar, a produzir cada ano uma obra nova. É condenado à série, é agrilhoado à sua cria, e perseguido por ela, como foi Barbier, pelos *Iambes* de sua juventude.

181
Por que querer tirar ao talento a liberdade de se retrair. Alguém fez uma bela obra? Admirem a obra, mas sem obrigar o autor a se refazer, uma ou mais vezes, nem querer que ele se supere sempre.

182
Poucos artistas amaram mais a obra que a fama.

183
Desperdiça-se muito talento compondo paisagens sem coerência e personagens sem vida. Se vos sentis pintor, buscai a natureza, trazei uma reprodução verdadeira de qualquer recanto do mundo, por pequeno que seja, se tendes penetração, apresentai um retrato ou um quadro de vossa vida própria, por modesta que seja. Não mistureis traços diversos na descrição de pessoas imaginárias; é preferível a unidade que está diante de vós. Só a unidade, isto é, só o or-

gânico, tem valor, quer na literatura, quer na natureza.

184

A linguagem literária está ficando tão analítica que quem não for capaz de falar por sutilezas impalpáveis terá vergonha de assinar uma linha sequer. No entanto, só será grande escritor aquele que exprimir coisas que estão ao alcance de todos os pensamentos e de todos os corações. A técnica literária nunca será mais do que a escrita de um mandar inato exclusivo. O gênio, tanto dos indivíduos, quanto das massas, é universal, instintivo, espontâneo, e não pode ser ensinado. O determinado nunca poderá derrubar o inconsciente; o primitivo sobreviverá a todos os requintes.

185

Só sinto bem a minha ideia no momento rápido em que ela me atravessa o espírito. Como, então, apreender inteiramente o pensamento de outrem, depois de traduzido no papel. Assenhorear-se de uma ideia, saber até onde ela chega, e de onde não passa o que ela abrange e o que não alcança sua irradiação em suma, só nos é dado no momento em que ela nos alumia o cérebro. Para sentir o pensamento alheio, seria necessário ter o mesmo foco intelectual, e cada espírito tem o seu. Ninguém até hoje ouviu uma frase musical com o frêmito que sacudiu o compositor quando ela lhe irrompeu na alma. A comoção que produz em nós o pensamento de outrem já é um pensamento nosso e, portanto, varia de indivíduo a indivíduo, como as cópias de quadros célebres.

186

Depois de escrever uma página com a convicção de ter posto nela toda a vossa alma, admira-vos ver que outros a leem sem emoção. O primeiro motivo é que não conseguistes fundir vossa alma nessa página, e assim não demorará o momento em que nem vós mesmos, que a escrevestes, podereis discernir, à leitura, vossa inspiração. O segundo motivo é a falta de coincidência entre o vosso estado de espírito, no momento de escrever, e o de quem vos lê. O leitor teria que receber da leitura o mesmo choque que vos causou a inspiração. É coisa impossível, em vós houve transbordamento; foi o excesso que despejastes na página; o leitor recebeu, ao invés da torrente, as sobras. Há ideias que podem ser reduzidas a fórmulas; são as que se tornam em conhecimentos humanos, em resultados. E há ideias intransmissíveis; são estados de alma. Ninguém jamais apreendeu o estado de alma de outra pessoa.

187

Os tercetos de Dante dão a seu poema o ar de urna água majestosa, caindo de degrau em degrau. Há momentos em que a inclinação é contínua, mas em outros a onda é barrada pelo poeta, de beira a beira. Sente-se, então, de terceto a terceto, o ruído de uma queda profunda. Quem, porém, até hoje, pôde apanhar a alma do poeta, sua interpretação da ordem moral divina, sua ideia, enfim? O episódio de Francesca de Rimini, por exemplo. O amor é ali condenado e condenável, *nella miseria*, no entanto as duas almas estão atadas uma à outra pela mesma ferida. Essa ligação de adúlteros num só grupo, essa fusão de duas memórias, é bem o amor eterno. Será esse amor, perdurando mesmo no inferno, um castigo a mais? Ou será o consolo do próprio pecado, uma concessão de Deus aos que ficam privados da bem aventurança do paraíso? Só Dante poderia responder.

188
O homem de gênio é o último a saber dos fatos mais triviais. É porque vê a trivialidade a seu modo, imprime-lhe logo um cunho de originalidade.

189
Ao largo, o coração humano dá a impressão de ondas incessantes, vindo uma após outra, em rumos opostos; num fluxo e refluxo permanente. Só se encontram águas calmas atrás do quebra-mar, e o quebra-mar é Deus. O coração que nunca encontrou essa proteção é verdadeiramente um mar sem abrigo.

190
O futuro é o lado vivo da eternidade.

191
Muitas vezes, na luta pela vida, nem chegamos a avistar o inimigo; somos derrubados de longe.

192
Não há dois homens iguais, nem tão pouco os há diversos. A natureza procede a golpes de enxó; existem alguns tipos diferentes, uns mais raros do que outros, porém todos somos có-

pias, mais ou menos modificadas, de um desenho primitivo. Os pontos que nos distinguem de nosso semelhante são meras modalidades, comparados à substância que nos é comum. Não nos orgulhemos nunca de nossas vantagens, que são todas contingentes, ocasionais, gratuitas; afinal nenhuma nos pertence em plena propriedade. A diferença está quase sempre nas circunstâncias; permutai-as e sereis transformado no próprio indivíduo que vos causa piedade ou repulsão e vos inspira, a exemplo do Fariseu, a dar graças a Deus de não vos parecer com ele.

193

Eu quisera que existisse uma escola de sapiência antiga, cujos cursos fossem os que seguiam outrora os jovens de Atenas ou de Roma. O metal do caráter é mais importante do que o verniz do espírito, e não pode ser obtido sem a cultura intelectual do sentimento. Certamente não resultará do desenvolvimento dos músculos. A literatura, quando se separou da moral, perdeu metade do seu valor e do seu encanto. Quanta verdadeira ciência humana temos perdido! É o que ocorre inevitavelmente a quem lê Sêneca ou Quintiliano.

194
No ensino, o essencial é o caráter do mestre. Formar-se sob a orientação de um mestre sem moral é como crescer em terra pantanosa. A vida do mestre é sua melhor lição. Os sábios da Grécia davam aos alunos, antes de tudo e de modo constante, a própria vida para estudar e aprender.

195
Isolar-se, por qualquer forma, é querer escapar à lei da gravidade.

196
Os climas sem inverno também não têm primavera. Evitai a sorte daqueles que atravessam a vida sem nunca perder as folhas.

197
Duvidai, mas continuando a amar.

198
A tristeza nasce, muitas vezes, na mocidade de ter-se a escolha de tudo; na velhice de não se ter escolha alguma.

199
A cada volta do caminho, o problema de Hércules confronta-nos de novo. Todos os caminhos da vida bifurcam, após os primeiros passos, entre a obrigação e o prazer.

200
As transformações graves da vida são às vezes precedidas ou acompanhadas de uma tristeza que não podeis explicar e que vos amedronta. Deixai-a passar, que a alegria romperá dela dentro em breve como o sol da bruma.

201
A confissão é o pouco de verdade que existe entre os homens, e foi preciso torná-la segredo de Deus.

202
A luta pela vida toma-se cada dia mais requintada nos processos, e mais grosseira nos instintos.

203
A vida tem apenas uma colheita; é preciso semear na mocidade, colher na idade madura e consumir somente na velhice.

204

Prova suficiente de que Deus dá pouco valor ao dinheiro é o modo por que o distribui neste mundo. Ao talento e à beleza não parece dar valor maior ou talvez se desinteressasse destes, como se desinteressaram d'Ele.

205

Loves bridges everything, "o amor serve de ponte entre todas as condições sociais". É ponte com efeito, que liga raças, línguas, fortunas e naturezas, mas é ponte levadiça.

206

O homem será tanto ou mais livre e mais feliz quanto menos escolher por si mesmo. Nas coisas fundamentais sobretudo, em que ninguém escolhe para si, família, nacionalidade, religião, amor, vocação, o melhor é conformar-se. Ficar com a sua época, com a sua fé, com a sua raça, é o meio mais certo de cingir-se aos desígnios de Deus. Querer criar as próprias raízes é arriscar-se a não as ter nunca A pérola só se encontra no nácar. É no destino traçado por Deus que se encontra o caráter perfeito.

207
Recebei os outros com o mesmo espírito com que ides a outros.

208
É melhor ser respeitado do que célebre; a nomeada, por mais que brilhe, não passa de pedra artificial.

209
Independência e liberdade são expressões muito diversas: o homem livre nunca é independente, porque a liberdade é a dependência moral.

210
Jesus Cristo disse: "Aquele de vós que está sem pecado, seja o primeiro a lhe atirar a pedra", e não a atirou Ele.

211
Respeitai tudo aquilo que não compreendeis.

212
O arrependimento genuíno é em verdade uma renovação moral. O amor ardente de Marion Delorme pode refazer a virgindade dos senti-

dos, mas só o arrependimento de Maria Madalena refaz a da alma. O verdadeiro arrependimento, no entanto, sem apego sequer ao pecado antigo ou à liberdade de pecar é infinitamente mais raro, do que a perfeita inocência. Não renova a alma apenas; transforma-a.

213
É impossível encerrar a curiosidade de uma vida em início dentro da experiência de uma vida já vivida. Gostariam os pais que os filhos enfrentassem a vida com o fundo de experiência por eles armazenado. É querer que o fruto amadurecesse sem ter sido verde.

214
O espetáculo da criança, tão inocente, tão estranha ao mal, que nada a poderia macular, nem mesmo o homicídio, é prova bastante de que, se ignorassem o bem e o mal, os homens não passariam de crianças grandes. A ideia da responsabilidade e a ideia do sério foram cunhadas juntas, como as duas faces de uma só medalha: a liberdade.

215
Pode ser que Deus, em algum mundo, conser-

ve homens, ou criaturas correspondentes, sempre jovens impossibilitados de passar da infância. Foi este seu propósito com Adão.

216

Muitas vezes, ao reviver impressões de outrora, parece-nos que a sensação do momento deve ter sido inferior à doçura da lembrança que guardamos. Alguma excitação exterior impediu-nos, quiçá, de sorver toda inteira a taça que a natureza nos estendeu, e ela hoje a apresenta a nós outra vez em toda a sua frescura, cuidadosamente conservada à sombra dos anos decorridos. A mocidade tem dessas adegas que ela mesma ignora e onde se conservam intactos, para o declínio da vida, os melhores produtos de sua vinha.

217

Quão pouco se compreendem entre si as diversas idades! Os jovens tratam os velhos como se estes se estivessem retardando no mundo. Os velhos creem que os moços vão atear fogo a tudo. À medida que envelhecemos, perdemos contato com as novas gerações. A sociedade se divide em duas partes, jovens e velhos. Estes não compreendem paixões que deixaram de sentir; aqueles não dão valor à experiência que ainda não têm.

218
Bem diferentes são os dois climas - do passado e do futuro. Feliz o espírito que pode passar de um a outro sem sair de si mesmo, como o proprietário romano, cuja vila se dividia em casa de verão e casa de inverno.

219
A música tem ligação muito mais profunda com o coração do que qualquer outra arte. Amores, prazeres, sensações de mocidade, revivem mais facilmente ao som de uma melodia a que ficaram associados do que por qualquer outro meio de evocação. O passado vive numa frase musical, de modo mais real e com maior relevo e atualidade do que em qualquer outra recordação. A paisagem, o lugar, os próprios personagens, não nos falam mais; no entanto, subitamente, uma música, ouvida em outra época, vem despertar em nosso coração todo um enxame de sonhos esquecidos.

220
Para certas partes do coração, existe uma fres-

cura no declínio da vida, semelhante à que existe para outras, na infância. Assim como o perfume de certas flores só se exala à noite, também a poesia de certas almas só se exala após as primeiras sombras da vida. Não é, todavia, no coração da mulher que desabrocham tais flores noturnas: a este é necessário o sol.

221
Recolhei-vos em vós mesmos quando a vida começa a baixar. O coração era outrora uma colmeia de favos cheios e perfumados. Hoje só restam cavidades desertas e ressequidas.

222
Quando a idade lança o isolamento em redor de nós, o coração faz-se capela ardente.

223
Em certo gênero de composição, que é, aliás, o mais elevado de todos, há obras de tal perfeição que prenunciam o declínio da vida. À idade madura falta sombra, e coisas há, no espírito, que não se podem apreender em plena luz. Grande parte da literatura é crepuscular.

224
Quando o coração está cheio, prazer ou dor, igualmente, fazem-no transbordar.

225
O entardecer é mais doce ao coração do que a manhã, por causa da noite estrelada que vai chegando.

226
A coluna de pressão moral que trazemos sobre nós vai aumentando durante a vida, como a coluna de ar vai crescendo com a descida.

227
É no momento em que a paixão transbordante se acalma, e que a curiosidade insaciada se apaga que podemos gozar da beleza de tudo. A luz ardente do meio-dia impede-nos de ver a folhagem das árvores recortarem-se sobre o azul; há ainda demasiada claridade para os nossos fracos olhos. Esquecer-se na natureza é o único meio de absorvê-la. Para imobilizar-se e dissolver-se nela, seria necessário poder sustar o pensamento sempre ativo, sempre incapaz de passividade e de silêncio. O verdadeiro deleite das coisas, em outra vida, virá

do apagamento da personalidade. Para qualquer gozo intelectual, a consciência pessoal do espelho é um obstáculo e quase um impedimento.

228

Diziam os antigos, ao retirar-se do convívio do mundo, que precisavam pôr um intervalo entre a vida e a morte. Apraz-me esse sonho de uma Tulé onde o espírito possa entrever tranquilamente, durante um longo entardecer, luzir do hemisfério imortal.

229

A ideia de uma viagem ao Oriente seduz mais à medida que envelhecemos. Ali há cor para reavivar a existência, lembranças grandiosas onde concentrar o espírito, abrindo para a velhice como que uma alameda de imortalidade.

230

A idade madura pode se contentar com linhas, mas o declínio reclama cores. A linha obriga à reflexão, e o pensamento fatiga, mas o colorido sustenta. A linha é uma ideia, a cor é um meio. É possível que a fisionomia dos astros apenas difira pela cor e que, portanto, a cor crie a individualidade e o temperamento de cada um dos planetas habitados.

231
A expressão de repouso e de serenidade que reveste o rosto dos mortos, mesmo após cruéis agonias, é sinal de que a morte em si não encerra terror.

232
É preciso resignar-se a toda doença que conceda tréguas para louvar a Deus.

233
Sentir chegar a morte e ir-lhe ao encontro, aumentando intensamente a utilidade de uma vida, é o seu mais belo desfecho.

234
A morte é passo a ser vencido de um salto com o desassombro do antílope transpondo o espaço entre duas rochas escarpadas. Não é mais do que um pulo sobre o túmulo, mas devemos atirar-nos com a aleluia nos lábios. Ainda que nossa morte devesse ser integral, esse brado de gratidão, na agonia humana ressoaria para

sempre no infinito e faria com que Deus tivesse saudade do homem.

235
Compreendo que após certa idade exista um desejo ardente de morrer para descobrir o que foi afinal a vida. É de fato a única coisa que mereça ser verificada.

236
À Caixa da morte levam-se diariamente os inumeráveis saques da fé, e é preciso comparecer pessoalmente para saber se há quem os aceite. Se vier o sono eterno no momento em que nos preparamos para apresentar o nosso, pelo menos não veremos a falência de nossa ilusão.

237
Quem tiver coração não pode amar somente a vida, senão também um pouco a morte, pois tantos são os amigos que nela nos precederam, tantas as visões que nela nos esperam.

238
Se tendes algo a fazer, habituai-vos a verificar a que horas da vida estais, e receai sempre que haja atraso no relógio.

239
O pensamento é a calma profunda dos planos remotos do infinito, onde o homem não tem outra companhia se não a de Deus. Pensar é orar.

240
Por que razão não sentimos, enquanto ardem as paixões, a calma da natureza? É porque a folha, o pássaro, o mar tranquilo, o horizonte profundo, que agora nos detêm e nos dão uma sensação de felicidade ideal, eram então simples alimentos para a febre em que ardíamos; é porque o desejo, sempre aceso no sangue, emprestava à natureza, que hoje nos fala de Deus, o encanto sensual dos jardins das *Mil e Uma Noites*. A natureza só é leve e inocente quando Deus nela se reflete a sós.

PARTE II

1

O patriotismo consiste, muitas vezes, em pôr-nos na situação do estrangeiro e julgar nosso país como se nada tivéssemos com ele.

2

No teatro do mundo, os espectadores são as nações sem história.

3

Nenhum governo pode impedir que as nações sejam acometidas de doenças graves e, por assim dizer, periódicas. Mas, quando surge uma dessas doenças, a culpa lhe é logo atribuída.

4

O favor das massas vai do partido A ao partido B e, novamente, do partido B ao partido A, recomeçando sempre a mesma oscilação. E esse flutuar de esperanças, sempre decepcionadas, dá lugar, de longe em longe, às revoluções, que são a concentração do desespero. O chamado movimento de opinião é apenas o fluxo e refluxo do bem-estar ou da miséria pública. Essa é a única verdadeira opinião pública; a outra, que se deixa captar com escrutínios e plebiscitos, não é senão o efeito artificial da velha arte política.

5
O homem de bem lastimará muitas vezes não ter triunfado, em política, por ser reto, ou em negócio, por ser escrupuloso. Não quisera ter procedido diversamente; fica-lhe, porém, um pesar involuntário.

6
Os homens de gênio, no campo da política, são os estadistas capazes de discernir, não somente a sombra que projetam os acontecimentos, futuros, *coming events cast their shadows before them,* mas ainda o rastro que deixam muito depois de passados.

7
A responsabilidade pessoal nas crises mais graves e mais sérias pode muitas vezes ser evitada com qualquer expediente para adiar a solução. Quando, porém, a crise se renovar mais intensa e meios humanos já não a puderem debelar, então a responsabilidade não deveria caber ao estadista subjugado pelo curso dos acontecimentos; deveria recair, toda ela, sobre o homem que, no momento em que os remédios ainda seriam eficazes, se contentou de salvar o próprio nome,

por um meio dilatório, deixando aos sucessores a bancarrota inevitável.

8
Cícero queria o triunfo. A César bastava vencer.

9
Quem diz partido, diz preconceito, mas às vezes este é inconsciente.

10
A oposição será sempre popular; é o prato servido à multidão que não logra participar do banquete.

11
Em política nunca se deve cogitar de dar xeque-mate com peão coberto. Convém evitar rasgos inúteis de força.

12
A árvore secular, de casca rugosa, de raízes que parecem contrafortes, é o mais nobre dos espetáculos. Emprestai à folhagem o espírito revolucionário, e a árvore ficaria sem raízes, as folhas cairiam mortas em redor do tronco apodrecido.

13

Nada é mais difícil na vida pública do que se mostrar desinteressado sem parecer egoísta, senão talvez mostrar-se patriota sem parecer interesseiro.

14

Em política, ainda está por descobrir o vapor, ou seja, o meio de navegar contra o vento e contra a corrente. Só é possível viajar à vela.

15

Conduzir homens sem levar em conta que suas reações não são idênticas é querer jogar xadrez movimentando todas as peças da mesma maneira.

16

Nada é mais difícil do que ser adversário de boa-fé. A boa-fé é tomada imediatamente como infidelidade à causa servida.

17

Sobre cada verdade nova assenta-se uma nova liberdade.

18
A humanidade não muda senão de pontos de vista.

19
O ponto de vista tem tanta importância em matéria de ideias quanto na paisagem. Não discutais com ninguém, contentai-vos de dizer: "Estamos colocados em pontos diferentes: se trocássemos, cada um de nós veria, o que o outro agora vê".

20
Foi provavelmente neste século de telégrafos e telefones, de fonógrafos e lâmpadas incandescentes que começou a eletrização do homem. E dizer que futuramente os psicólogos, os moralistas, os médicos, os amantes serão eletricistas!

21
Esperemos que a conquista das forças universais não pare aí, e que a era da eletricidade seja apenas uma etapa para outras eras para a era de luz; esperemos que um dia tudo seja luz e que por fim tudo seja ideia.

22

Há momentos onde o agradável seria apenas olhar para o que nos cerca, sem pensar, recebendo as imagens como espelho. Pensar é uma loquacidade interior que não descansa, um eterno jogo de sombras projetadas para fora e falseando em tudo a luz natural. Em vez de apossar-se da imagem, o olhar cisma; para ele, atrás das coisas, há sempre fantasmas que passam; a vista mais insignificante deixa no espírito uma interminável associação de ideias, assim como a onda, por menor que seja, deixa na praia, ao retirar-se, bolhas inumeráveis de espuma.

23

Quantas obras-primas da natureza são destruídas para abrir espaço à humanidade, que cresce sempre, mas cujas unidades reais parecem ir diminuindo à medida que os homens se multiplicam. Em dado momento haveremos de lastimar amargamente a ação devastadora da civilização, como hoje pranteamos o incêndio da biblioteca de Alexandria ou do circo de Constantinopla.

24

Não há, no entanto, na destruição das florestas

apenas um móvel utilitário de riqueza; há também a tendência inata para pôr a obra humana no lugar ocupado pela natureza, e acima desta. A devastação dessas estupendas plantações de Deus não tem por único fim semear sobre suas cinzas uma cultura de lucro - trigo, cana ou milho. Tanto quanto o pincel do pintor ou quanto a pena do poeta, o machado e o tição são instrumentos da pobre estética humana. A paisagem transformada há de nos parecer, um dia, mais bela do que a floresta virgem, porque a alma e o esforço, a angústia e o interesse humanos nos empolgam sempre mais do que a só obra de Deus. A vista de uma ermida ou de um castelo em ruínas, definindo seus contornos contra uma encosta longínqua, prende-nos mais o espírito que a massa de folhagem ainda à espera do fogo e do ferro. O homem quer encontrar, por todo o planeta, sua marca própria, seu carimbo de prazer, seguido de dor.

25

As épocas futuras reagirão até certo ponto contra a glória. A injustiça desta se tornará cada vez mais patente. A glória de um homem absorve, fatalmente, o trabalho dos seus associados e de sua época. Esse homem torna-se o único ponto luminoso numa vasta superfície apagada. É razoável pensar que a culpa disso não lhe cabe, que não estava em seu poder repartir sua fama, e que o mundo, apressado e ocupado, se contenta com um só nome para rotular na memória, uma ciência, uma guerra, uma escola de arte, uma revolução, um século. A única reação contra essa espécie de celebridade seria o esquecimento completo; todavia o crédito excessivo concedido à glória haveria de baixar muito se ela fosse encarada sob esse aspecto de incapacidade ou defeito da memória coletiva. Por outro lado, existe entre a glória e a virtude uma rivalidade positiva, quase uma antipatia. Se se houvessem deixado pear por escrúpulos, ou se houvessem fitado os olhos no fim mais elevado, a maioria dos homens célebres nunca teria entrado para a história. A moralidade suprema, porém, é a obra total a realizar-se, é o destino de toda a humanidade. Os santos, mais que os outros homens, foram partidários desta teoria sempre que a religião esteve em causa.

26

Das grandes descobertas da física pôde resultar toda uma literatura, toda uma filosofia, um novo estado d›alma, até outra alma. A influência da cosmogonia sobre o espírito humano, sobre as letras, as artes, a religião, foi a maior de todas. A inteligência é cósmica, como a luz, e vai se alargando à medida que o universo se alarga.

27
De qualquer sentença moral é lícito dizer que contém toda a sabedoria humana. A luz está inteira em cada irradiação. Todo o direito romano, por exemplo, já foi resumido em três sentenças. Essas, aliás, implicam-se reciprocamente, o que significa que o direito caberia inteiro numa sentença, assim como a religião e a moral.

28
Nem sempre servimos com mais talento à causa que mais amamos.

29
Se a medida do amor fosse a generosidade, ele pareceria pequeno deveras.

30
O coração após certo momento da vida é qual

palimpsesto; nada se pode escrever nele sem primeiro raspar o texto de época anterior.

31
Assim como a religião requer o batismo d'água, e a guerra, o do fogo, assim a política exige o batismo do ódio.
Aquele que o não tiver recebido não pode aspirar ao triunfo. Os insultadores empurram, sem o saber, encosta acima, o carro que os entusiastas, sem auxílio, não poderiam arrastar.

32
Conserve-se o coração afastado do espírito partidário, a fim de que as amizades não variem com a política. Mesmo confundir política com religião já é intolerância.

33
O político desculpará, no entanto, a abjuração, a apostasia religiosa; só não perdoa aquilo a que dá hoje exclusivamente o nome de apostasia — a mudança de partido. À medida que o espírito de intransigência se afasta das religiões, refugia-se nos partidos. Só há hoje autos-de-fé leigos.

34
Àqueles que fixam a vista muito adiante do seu tempo, faz Dante olharem para trás, na outra vida, e caminharem de costas.

35
Encontrai, no meio da mais rica natureza virgem do mundo, o espetáculo mais belo que ela encerra, e só tereis a sensação do vazio. Onde a humanidade não tiver deixado sua impressão, não sentireis afinidade com a criação. Sois demasiado pequeno para, sozinho, apossar-vos dela. Sua solidão asfixia-vos. Sobre o mar também necessitais de uma vela longínqua para animar as ondas, isto é, para poderdes descobrir a grande alma humana que faz palpitar a terra.

36
A raça judaica permanece de pé qual árvore eterna, mas perdeu a juventude. A gente percebe que ela viveu muito. As raças envelhecem até nas selvas: os índios são raças envelhecidas. Só os negros da África conservam a mocidade como no tempo de Salomão. Talvez a escravidão concorresse para isso; a liberdade e o progresso a destruirão rapidamente.

37
A juventude não é mais que a surpresa da vida. Quem não a sente mais, já não é jovem, e enquanto ela durar existe mocidade.

38
Tudo é silencioso nas casas inglesas. O descanso parece ser o fim da existência. Cada geração diminui a fricção das coisas e baixa o tom da voz. É sinal de que a raça já tem os nervos um tanto gastos, ao invés da velha raça italiana que ainda conserva seu amor ao barulho.

39
Nem as flores, nem as frutas foram feitas para durar, mas sim a árvore.

40
Acabo de avistar, emergindo da floresta, uma soberba palmeira de folhas erguidas, formando um grande vaso de altas bordas com um largo colar verde brilhante a evolver-lhe o colo. O naturalista teria visto o vegetal, eu vi o vaso.

41
A impressão, transformada em ideia, perde logo metade de sua força. Quando a admiração

permite pensar em outra coisa já não está intacta. Logo que o objeto do nosso enlevo despena um conjunto de ideias associadas, diminui proporcionalmente nosso entusiasmo. Este parece sofrer uma remoção; perde do seu calor com essa irradiação larga e essas vibrações rápidas. A impressão, quando profunda, não se aparta do próprio objeto, não lhe compara nada, absorve tudo nele.

42

Admirar uma palmeira pela semelhança com um vaso, ou admirar o vaso por se assemelhar à palmeira, não é admirar uma coisa nem outra. Logo que qualquer coisa ou pessoa faz lembrar outra, não é mais que metade de si mesma, já não é, portanto, si mesma.

43

Lembrança de Petrópolis. O nevoeiro cor de pérola que envolve estes morros dispersou-se; o céu, de um azul muito pálido, é leve como um painel japonês ao longe; os urubus passam alto, num voo lento, como sobrecarregados pelo peso de suas asas de pontas metálicas; e tudo isso percebo através da grande arcada rósea e das paineiras em flor. Que intencional harmonia neste quadro! De quem a intenção?, pergunto. Certamente não desses fundos de montanhas e de céu; não se agruparam a si mesmos; nem dessas magnólias que me cercam como imensos candelabros de sete braços. Terão sido diluídas por um pintor, no éter transparente, essas cores imateriais? Ou não há aqui outra coisa senão minha alegria de espectador deslumbrado? Que importa que a harmonia esteja em mim ou na natureza? Aceito esta minha alegria como um reflexo da eterna renovação da alegria de Deus ao ver que a criação estava boa.

44

Em um jardim. O cientista analisa o perfume destas rosas; eu me contento com aspirá-lo. Ele esmiúça, em suas origens, o instinto daquela aranha; a mim basta vê-la tecer no ar telas finas como a luz. Diz-me ele que esta terra é trabalhada desde baixo por vermes que excedem de longe o encadeiro do canal de Suez; a mim satisfaz a vista do gramado, que musgos douram e aveludam. Pretende ele que minha alegria mesma não é senão sol armazenado. Louvo a Deus de tudo ignorar.

45

No princípio, disse-me ele, não havia senão hidrogênio, e tudo era hidrogênio. *Omnia per ipsum facta sunt et sine ipso factum est nihil quod factum est.*

46

Fazeis questão do nome botânico da flor para lhe aspirar a essência? Ireis aspirá-la melhor por poder dar a cada uma o seu nome latino? Ou não vos trará, pelo contrário, esse fiapo de ciência, involuntariamente mesclado a seu perfume, uma alteração deste?

47

Lembrança do cemitério de Petrópolis. Março de 1894.

É um recanto perdido nas montanhas. Nada vemos em derredor senão colinas cobertas de vegetação... Não se percebe viva alma; só as cigarras não cessam seu estridor. É o cemitério dos protestantes... o refúgio que elegeram. Nem muro, nem cercas; moitas de bambu, soberbas araucárias, cortinas de lianas; os túmulos, cercados de flores e de arbustos verdejantes, florescem sob nossos pés. Cruzes matizadas de musgo, grades enlaçadas de roseiras, tudo abafado pela vegetação. Não há caminhos; a passagem é sobre túmulos cobertos de verdura, e a cada instante uma árvore precisa ser contornada. É um labirinto, onde a morte vos espreita, vos sorri, vos acaricia... Que sítio para o repouso intelectual! O dia inteiro, ninguém. O vale é nosso, até as altas bordas de sua taça verdejante, toda esmaltada de túmulos isolados, como marcos eternos, cada qual cercado de seu bosque sagrado. Que doce impressão da morte recebe aqui o transeunte. Aspira-a como um sopro primaveril, que perfuma idealmente a natureza; sente que os mortos se aprazem nesta solidão, habitada só de flores, de folhas largas, de grandes sombras. Sabem que a morte não é ela mesma se não o desfolhar da alma em vista da eterna primavera.

Ser enterrado assim à sombra dos ciprestes e das embaúbas, ter flores do mato, como o desabrochar roxo das quaresmas, para marchar-lhes as estações, que diferença dos mausoléus de cidade! Pode alguém duvidar de que os mortos prefiram a solidão campestre da natureza?

Outrora eram colocados ao longo das estradas, ou seus túmulos eram feitos monumentos da cidade, cercados de terraços e de pórticos, oferecendo a quem passasse repouso e descortino.

Hoje sepultam-nos nas grandes necrópoles onde ninguém vai senão para o enterro. Voltou o horror da morte. Aqui ela é o que deveria ser em toda parte; guarda seu pudor e, ao mesmo tempo, sua frescura virginal; é o que deve ser, uma eterna ressurreição. E pensar que, dentro de alguns anos, estas colinas serão assoladas pelo fogo e que, em vez destes bosques profundos, haverá aqui casas e lojas por todo lado. Terão que ir morrer mais longe, não sei onde, os que quiserem seus corpos dissolvidos na natureza, como suas almas se dissolverão no infinito, sem serem profanados pela indiferença. Nas cidades já degradaram a morte a ponto de torná-la uma importuna vulgar, destituída de seu mistério, de sua santidade, de sua grandeza.

48

Noite de Natal. Dominando o verde da sebe, uma árvore com longos galhos tendidos e com a folhagem desenhando, à contraluz, uma grande renda de sombra, faz lembrar uma imensa árvore de Natal guarnecida de estrelas úmidas e cintilantes.

49

Uma chuva fina, leve, que intercepta o sol, mas

deixa ao dia toda sua claridade, derrama sobre nós uma sensação de calma, de folga interior. Pareceu-nos que as folhas têm prazer em absorver essa água, que toda a natureza se refresca, que a vida renascerá depois mais prazenteira, as cores mais tenras, e que a criação inteira vestirá trajes novos. O ar irradia. Que contraste esse com a chuva de inverno em Londres, chuva escura, triste, sórdida! Com tal água, a natureza só sabe fazer lodo; recebe-a como uma imensa cisterna de tédio.

50

Petrópolis,15 de março. A alameda caiada pelo luar; as casas iluminadas por dentro; as sombras das grandes árvores sobre a areia do caminho, e o rio adormecido ao centro, tudo isso entra numa só tela como um pano de fundo no teatro. A lua é o mais hábil e o mais rápido dos cenógrafos. Com um toque, muda a decoração toda.

51

Petrópolis. Venho de admirar uma árvore da nossa terra. Que porte esplêndido tem aquela paineira, e que ramagem imensa! Como sobe, nobre, reta, altiva, acima das outras árvores aglomeradas embaixo, estendendo sobre elas seus vastos galhos de folhas finas e leves, franjados de borlas róseas. Ao chegar depois em casa, afiguram-se me artificiais as grandes palmeiras do jardim, de capitel áureo e lustroso e de colar verde. Quem tem nos olhos a vastidão leve dos galhos da paineira, não pode retroceder à beleza dos coqueiros, que não dão sombra nem se cobrem de flores.

52
Ciência alguma estudei, língua alguma possuo, ignoro os processos de todas as artes; logo não sou escritor. Não me filio em matéria de pensamento, nem aos vertebrados, nem aos articulados, mas aos simples espongiários do grande oceano humano. A exemplo da esponja, não faço senão embeber-me da sua onda, não lhe sentindo o amargor, mas somente a frescura.

53
Minha psicologia está toda nestas palavras do Gênese: "Deus criou o homem à sua imagem", e minha estética, nestas outras: "Deus viu que tudo estava bom."

54
Deus evidentemente não criou o homem à sua

imagem física, uma vez que Ele não poderia ter um corpo perecível como o nosso. É em outro sentido que devemos procurar a semelhança. Deus criou-nos espírito como Ele. Somos luz como a luz - reflexos fugitivos e quebrados, sempre incoerentes, mas ainda assim reflexos do foco inicial. Não são somente os espíritos, como o de Newton, capazes de refletir como espelhos a ordem e o equilíbrio do Universo, que foram feitos à imagem do seu criador; são todos os corações que sentem a atração do ideal, ainda que a ignorem como a terra ignora a do sol.

55

Quanto à estética, só adivinhando a satisfação de Deus ao criar as coisas, haveria meio de aferir-lhes a beleza. Amamos, admiramos e pensamos, até certo ponto, por infinitesimal que seja, como Deus, a cuja imagem o homem foi feito. Qual é a parcela de absoluto que a estética inevitavelmente ou contém ou reflete, como a moral contém ou reflete outra parcela? Só pode ser o apreço pela obra de Deus, a busca de Seu traço na natureza e em todas as coisas.

56

Eis pois a minha pobre estética. A beleza é apenas o reflexo de Deus nas coisas. Assim como a cor não pertence ao objeto em si, mas ao raio que ele absorve, assim também nosso sentimento do belo não é senão o vestígio inapagável do prazer de Deus vendo a Criação. Criado à imagem de Deus, o homem não poderia exprimir outro sentimento senão essa alegria divina.

57

Como, porém, discernir na série consecutiva dos esboços da natureza uma escola estética? Será mais bela a palmeira que a avenca, mais belo o pavão que o peixe, ou o beija-flor que a lagartixa verde?

58

O senso estético do Criador nos é revelado nesta fórmula do Gênese: "E Deus viu tudo o que havia feito e tudo era bom." Igualmente o eram, portanto, a terra e os mares, os répteis e os pássaros. O Gênese nem sequer diz que foi maior o prazer de Deus ao criar o homem, mas isto se pode induzir, pois só ao homem fez Deus à Sua imagem.

59

Toda obra humana que interpreta as obras da

Criação deve agradar ao Criador tanto quanto estas, e talvez até mais.

60
Essas artes, é caso de dizê-lo, falam a linguagem do infinito; são luz como a Luz.

61
Grande parte da estética humana, no entanto, corresponde à organização social da nossa espécie. Nessa porção ela não pode ser comum à inteligência infinita.

62
A arquitetura e a música, estas não têm modelo na natureza. Não se concebem entes superiores ao homem admirados diante das nossas construções nem empolgados pelos nossos efeitos musicais. São artes que só exprimem ideias e estados de espírito da humanidade. Não têm relação direta com a obra estética de Deus; não saem das oficinas da criação a exemplo da escultura e da pintura. A parcela de beleza absoluta contida na estética só pode ser controlada nas artes que copiam ou que interpretam criações divinas autênticas. As demais artes pertencem à exclusiva esfera do espírito, da imagi-

nação e da sensibilidade humanas; não têm arquétipos divinos em torno de si.

63
Dir-se-á que nas artes de cópia, ou de interpretação de formas da natureza, qual a pintura ou a escultura, não existe o mesmo sopro criador independente que na arquitetura, na música, ou na poesia. Talvez seja verdade, mas a medida humana de beleza integral não é mais do que a relação entre a obra de arte e o modelo divino por ela copiado ou traduzido.

64
Tudo, na Verdade, é absoluto. A Verdade não contém uma só parcela que não seja universal. Nela toda a inteligência do universo se congrega e se une. No belo, porém, tudo, exceto a reprodução da obra divina, é humano, é particular à nossa espécie, embora retenha sempre o reflexo divino que é próprio de todo surto para Deus.

65
O que acontece com a arte também se dá com a moral: nesta a parcela de absoluto é apenas aquela que seres superiores, de uma espécie

diferente da nossa, apreenderiam como nós mesmos; o mais não tem sentido universal.

66

Que frações daquilo que chamamos o Bem poderiam ser comuns a outras espécies superiores à nossa? Assim como a estética universal deveria ser regulada pela satisfação com que Deus criou cada coisa, também a moral deveria ser regulada pelo fim ao qual Deus destinou o homem e pelos sentimentos que lançou em seu coração, quando o criou. O enigma do absoluto é, portanto, de interpretação muito mais difícil em moral do que em estética. Nesta, pelo menos, temos diante dos olhos os tipos lançados por Deus.

67

No entanto a ideia de que uma parcela sequer do Bem seja simples ilusão basta para nos abater completamente. A Verdade é segura de si; venha o que vier, não pode acontecer senão o verdadeiro. As artes, por outro lado, nada podem acrescentar à beleza do universo; são laboratórios insignificantes comparados com aquele onde opera a natureza; suas palhetas são fracas junto daquela que colore céus e mares; falta-lhe a imaginação criadora. Salvo pela dor e o esforço empregados pelo homem, qualquer paisagem, ainda intacta, nos daria uma impressão de beleza superior à da vista de Roma no seu apogeu. O mais belo quadro que se possa imaginar é sempre o do Éden, quando não eram ainda nascidas as artes, e quando o homem, longe de se erigir ele mesmo em criador-mirim, se deixava empolar pela pura emoção da obra recém-feita de Deus. Se desaparecessem todos os monumentos, nada perderiam os cenários onde eles figuraram como ornato humano; as sonatas de Beethoven não deixariam saudades aos ventos e às ondas; a pintura não acrescentou cor alguma à terra, nem a escultura forma alguma. De tais perdas, o homem, chamado a esferas superiores, depressa se consolaria. Seria feliz sem salões, sem concertos, sem bibliotecas. Mas suas emoções, seus sentimentos, seu ideal, estes eu duvido que ele renegasse, mesmo a conselho da eterna Sabedoria, se esta não desse eco aos sons profundos de sua alma. Da bondade ele guardaria sempre o luto. Ao amor, à piedade, à doçura, à abnegação, ele nunca poderia renunciar.

68
Inspirar-lhe-iam piedade os próprios anjos, se não ressentissem o que, talvez por ingenuidade, lhe parece o dom supremo das almas; a bondade. Teria pena até de um Deus que não tivesse nenhum dos traços de cujos pálidos reflexos ele se sente iluminado, nada dessa imagem, segundo a qual ele crê ter sido criado.

69
Essa imagem é para ele o bem absoluto.

70
A moral não é, porém, uma reconstituição da lei do paraíso terrestre sob a qual o homem foi criado, mas uma interpretação da lei de cativeiro pela qual até o inocente sofre a eterna culpa hereditária, que abriu a porta ao mal. A parte do absoluto na moral é pequena; porque toda ordem social é um compromisso, é uma transação forçada entre o bem e o mal. A moral que conhecemos pertence antes à economia política; terá nove partes utilitárias ou sociais para cada parte divina ou humana, no sentido do homem criado à imagem de Deus, e não reduzido a uma simples parcela da sociedade que o refez à sua imagem coletiva.

71
Não significa isto que toda aquela parte da moral que se adapta somente a formas transitórias de nosso organismo social seja uma ilusão. Indica apenas a dificuldade de verificarmos o que há nela de absoluto ou de divino. O senso moral, tanto quanto o senso estético, é humano em grande parte, e corresponde à nossa espécie em suas diferentes fases, não a todas as espécies superiores. Todo código penal deve caber na moral e não é possível imaginá-lo aplicável a outros espíritos.

72
E assim como o código penal, também a religião. Esta é sempre um código penal moral, uma lei de disciplina e de sujeição social, portanto uma instituição feita para o homem e inadaptável a outras espécies, mesmo às que tenham, como nós, o sentimento de Deus.

73
O padrão de tudo que vive é bom. Só é má sua corrupção. A estética encontra o absoluto cada vez que alcança a pureza de um desses padrões.

74
Não há fealdade na natureza. Ela só existe nos nossos olhos.

75
A busca da beleza física, independentemente da beleza moral, separa o belo do bem. Ora, um não se deve afastar do outro. A seleção puramente estética seria, das formas de evolução a pior, porque resultaria fatalmente na atrofia da bondade.

76
E se a natureza também a adotasse, a humanidade só constaria de modelos; não restaria lugar nem para artistas.

77
O olho não se adapta à beleza convencional senão em prejuízo do coração.

78
A borboleta nos acha pesados; o pavão, malvestidos; o rouxinol, roucos; a águia, rastejantes.

79
A religião que destruísse a alegria de viver não

levaria em conta o prazer que, segundo o gênese, Deus teve na criação.

80
O caráter moral conquistará em tudo o prêmio da beleza. A beleza exclui qualquer ideia de mal, como a bondade exclui a fealdade. O traço moral é o traço divino por excelência. A estética e a beleza precisam estar de acordo, e o acordo só é possível pela religião.

81
Assim como a antiguidade lhes deu cores, a posteridade dará voz às estátuas.

82
Um ponto que me parece universal é que os entes superiores de toda ordem devem ter contato com o universo, não viver em si e para si. As faculdades intelectuais ainda têm em nós um aparelho muito imperfeito, como tinha a eletricidade na pilha elétrica primitiva. Precisamos de olhos para ver, de ouvidos para escutar, de cérebro para pensar, e admitimos que a percepção e o gozo de tudo possa efetuar-se só pela ideia, sem nenhum aparelho material; mas não poderíamos conceber um ente supe-

rior ao homem cuja compreensão do universo fosse inferior à nossa, ou que tivesse menos comunicabilidade com ele, e quanto mais elevado for seu poder intelectual, tanto mais extensa se nos afigura sua esfera de atividade.

83
Creio na unidade das forças morais tanto quanto na das forças físicas, e reúno-as, umas e outras, ao pensamento de Deus.

84
Só Deus pode encher o coração. Tudo que é grande não faz senão abrir o coração para recebê-lo.

85
O papel mais belo da história: Simão, o Cireneu.

86
A amizade sempre foi sentimento masculino.

87
Isso provém de que o mais forte vínculo da amizade é o ter caminhado na vida lado a lado, e só homens souberam, no passado, viver li-

vremente juntos. Adquiriram o sentido da vida em comum que as mulheres ainda não possuem.

88
O que a mulher chama de amigo é raramente alguém que tenha pensado do mesmo modo que ela.

89
Há no cabedal humano um fundo que nunca diminui, é o egoísmo; outro que se reconstitui constantemente, é a generosidade; há, porém, um terceiro que se esperdiça em pura perda, é o sentimentalismo.

90
O homem é tão invencivelmente apegado ao seu princípio imortal que aceitaria de bom grado qualquer sofrimento perpétuo, de preferência a adormecer na morte sem amanhã.

91
Certas mulheres têm uma aura de mistério, trazem o mistério na fronte. Pertencem à raça de Isis. Evitai tais mulheres. Há nos seus olhos

um abismo, e a alma que se inclinar sobre ele desaparece para sempre.

92
É pena que não se tenha ainda recobrado o narcótico de Romeu. À sombra de alguma árvore retirada, ou mesmo em qualquer jazigo disponível, um sono de cinco a seis anos representaria uma fortuna parvos pequenos capitalistas. Dormir tornar-se-ia a ocupação desta classe.

93
O senso estético é uma das maiores, senão a maior, das fontes de egoísmo.

94
A recordação é uma essência que só dá seu perfume integral no incensório da velhice.

95
Tomamos às vezes por um princípio de morte aquilo que, pelo contrário, é o desabrochar do coração para uma vida superior e mais larga.

96
A bondade e a mentira estiveram, até hoje, tão

intimamente ligadas quanto a verdade e a poesia. Eliminar por completo a mentira seria atingir a bondade. Odiar as mentiras que respiram baixeza é, para a alma da criança, um sopro de vida, mas odiar as mentiras que respiram ternura ou bondade seria um sopro ressequido e árido. A arte, em todas as formas, a exemplo da poesia e do folclore, não passa de uma grande mentira. Todo homem e toda mulher trazem através da vida uma máscara que ninguém tem o direito de levantar e que só serão obrigados a retirar em face de Deus.

97

Qualquer obra séria deveria ser precedida da breve oração que o sacerdote pronuncia quando sobe ao altar. Ninguém deveria penetrar num dos recintos da inspiração sem trazer o espírito livre de toda mácula. Ali pisa-se terreno sagrado. Em arte o que não é digno de incorporar-se à religião não tem grandeza real nem permanente. A religião, por seu lado, deve alargar-se o bastante para dar agasalho à arte toda inteira.

98

O culto de Jesus Cristo, continuado sempre, de

forma a tornar-se universal, deve parecer, mesmo a quem não tenha sentimento religioso, o mais nobre dos cultos humanos, pois é diante de um pobre crucificado judaico, e não diante de César ou de Midas, que toda a humanidade veio ajoelhar-se.

99

Esse culto é, em si, prova bastante de que a humanidade não tem a religião social nem do poder nem da riqueza, mas a do ideal. Essa profunda antinomia entre o sentimento humano e a hierarquia social, sentimento aquele que a hierarquia nunca pode conquistar por completo, marca a distância, que separa o coração da criatura divina, que já fora homem e que ele aspira a ser outra vez, e o da unidade social que transformou o homem. Apesar de tudo, este ainda guarda um reflexo da imagem segundo a qual, diz o Gênese, ele foi esboçado.

100

A física parece poder emprestar numerosas leis à ciência social. Da porosidade já falei; não seria concebível uma organização, nem uma religião que, através das eras, não se deixasse entranhar pelo espírito do tempo. Há também a lei sobre o nível de líquidos em vasos comunicantes; não é possível conceber duas raças, duas nações, duas sociedades, postas em contato sem que acabem no mesmo nível. À lei da gravidade, como já vimos, até a religião obedece; ela é, para a religião, a caridade. A atração exerce-se sobre as massas morais e intelectuais do mesmo modo que sobre as massas físicas. Temos também diariamente a prova da coesão interior e da pressão exterior da raça. E assim por diante. Podemos afirmar que em certo sentido o mundo moral é uma imagem do mundo físico.

101

Desse conjunto, dessa unidade no plano da criação, resulta o sentimento, cada vez mais forte, de que o homem foi feito à imagem de Deus. Se entende, em grande parte, a obra de Deus, é porque pensa como Ele.

102

Não andeis a semear ideias a torto e a direito. Esse processo poderia desanimar as pesquisas sérias de algum verdadeiro investigador. Por que impor-se ele um trabalho infinito, para provar que adivinhastes certo?

103
Não há pensamento mais confortador que o encerrado nestas palavras citadas por Epiteto: "Hércules não receava deixar os filhos órfãos, porque sabia que não há órfãos neste mundo." É grata esta afirmação de que tal privilégio não é só da raça de Hércules.

104
Só há um meio de resgatar o vosso gênio, ou a vossa fortuna, é reconhecer a superioridade dos humildes.

105
Nada deforma tanto o espírito quanto procurar em tudo semelhanças longínquas, que seríamos quase os únicos a perceber.

106
Tínheis uma natureza amável, boa, prestativa, mas o meio em que viveis é egoísta. O coração vos arrastava à caridade, mas o mundo vos prende ao egoísmo e, porque esta é sua lei, sois forçado a aceitá-la, romper com o mundo vos seria penoso demais.

107
Houvesse uma agência para troca das felicidades que todos nós invejamos uns aos outros, e cada um iria trocar a sua.

108
Na vida, todo contato íntimo forma uma cadeia, se não no coração, pelo menos na lembrança. Essas reações ocultas, de alma a alma, exercem-se através da distância e mesmo do esquecimento. Os encontros que ocorrem às vezes em sonho ou no delírio da febre vêm provar que a cadeia nunca se rompera.

109
O dinheiro bem empregado substitui quase tudo na sociedade. Adquirem-se para uso próprio as antigas propriedades dos reis de França como, ao casar, adquirem-se para os filhos séculos de ascendência nobre. Nesse passo, um milionário se lembrará algum dia de ser rei ou papa, qual um Médici. Por que motivo não competiria à riqueza uma categoria na Igreja igual à que lhe coube no século XVI? Poucas são as coisas que o ouro não substitui. Com generosidade, e sem as comprar, o rico se pode cercar de todas as dedicações, de todas as ter-

nuras, e até dos altos favores da religião. Assim como lhe é possível determinar que sobre o seu túmulo se renovem perpetuamente as flores, também poderá garantir missas por sua alma até o dia do Juízo Final. Tudo isso pode ser obra do dinheiro mas, no entanto, a ideia da morte do rico encadeia-se logo em nosso pensamento com a lenda de Midas. A consciência de ter devido algo ao seu dinheiro é deveras pesada para aqueles que, tendo amado muito, tinham o direito de serem amados pelo que foram. O outro substitui ou consegue tudo, mas apenas exteriormente. Interiormente nada pode. Para a sociedade, parece ser tudo, mas para o coração é nada.

110

A família estaria talvez em condições de ser o órgão suficiente da caridade se lhe fossem restituídos seus antigos limites patriarcais. Não há muito tempo ela ainda incluía irmãos e irmãs; hoje só abrange a filhos, se tanto. Cumpridos os deveres para com estes, a sociedade admite que sejam abandonados os demais parentes, quer a outras proteções, quer ao desinteresse. O solteirão (ou solteirona) isola-se, dentro dos seus pequenos rendimentos, dos parentes mais próximos; organiza seu orçamento sem deixar margem para socorros a estes, mal pondo de lado o necessário para as próprias doenças e o próprio enterro. Os encargos de família diminuem à medida que crescem os encargos sociais. O imposto esteriliza aos poucos o sentimento de família. Caminhamos assim para o individualismo pelo egoísmo, que hoje tende cada vez mais a servir de base à organização social. Até fora da família, os que conservam qualquer servidão afetiva, baseada na lembrança de favores recebidos, estes são retardatários que irão ficando pelos caminhos da vida.

111

Contra tudo isso, nada a dizer, porque é a evolução. Não temos alma para essas transformações, mas a humanidade se forjará outra alma, como é seu hábito, e não lamentará, como nunca lamentou, a perda de sua alma de outrora. Está sempre pronta a passar pelo *mutatorium*, a vestir outros trajes e representar novo papel. A diferença dos tempos está em que antigamente as etapas da evolução duravam séculos, e hoje cada geração quase constitui uma humanidade diversa da anterior. É preciso mudar de alma às carreiras; já se foi o tempo das almas seculares.

112

Quando digo que a organização social se baseia, cada vez mais, no egoísmo, não quero contestar o fato de que o indivíduo se vem libertando, dia a dia, das servidões egoístas que pesavam sobre ele. Não penso que esteja aumentada a soma de egoísmo no mundo. A organização antiga, a escravidão por exemplo, prestava-se muito mais que a moderna ao egoísmo de classe ou de hierarquia, mas forçava, por assim dizer, as massas à renúncia. Ao invés disso, hoje, o egoísmo é livre de se estender e se vai generalizando. O tirano de outrora era egoísta e obrigava seus súditos à renúncia, portanto o princípio do egoísmo era certamente a base das povoações, mas este egoísmo, o que era privilégio e gozo dos detentores do poder e de seus séquitos, hoje, com o reino da igualdade, se torna o apanágio, a liberdade de todos, do mais alto ao mais humilde.

113

A aquiescência do vencido à própria derrota é um elemento essencial para a vitória definitiva.

Nem Deus se consideraria vencedor de uma criatura que não se convencesse da derrota.

114
O verdadeiro amor consiste em querer que vossos filhos sofram perto de vós, e não longe nem depois de vós, aquilo que tiverem que sofrer na vida. Vê-los sofrer é doloroso, mas a provação lhes será mais leve se estiverdes ao lado.

115
A educação inglesa é essencialmente baseada no horror à mentira pessoal; mas não conseguiu por esse sistema restringir de modo algum a hipocrisia social.

116
Para que medre nossa benevolência e bom humor, é sistema prático só atribuir a outros os motivos que nós mesmos alegaríamos se o ato em jogo houvesse sido praticado por nós.

117
Reduzi a obra de Michelangelo a uma miniatura e vereis o pequeno tornar-se ilimitado qual o resumo de um astro. Através de uma lente re-

conhecereis logo, nos camafeus, os gigantes da Sistina. Se, pelo contrário, ampliardes a obra daqueles que pintam pequeno, mesmo esboçando gigantes, não fareis senão desculpar sua mesquinhez. Esta encontra-se na alma e não no traço do artista, e é incurável.

118

Não creio que a frase "Seja feita a Vossa vontade na terra como nos céus" signifique apenas a conformidade do fiel com a vontade de Deus. Porque então referir-se à terra e aos céus em vez de somente à nossa pessoa. Esse pedido para que a vontade de Deus domine terra e céus me parece antes uma forma de colaboração no reino universal de Deus, pelo desejo, e se Jesus Cristo, o Salvador, a recomendou, é porque Deus, ou necessita, ou deseja, nossos votos, a fim de voluntariamente estabelecer sua onipotência sobre os seres criados à sua imagem.

119

Aquele que vê tudo através da ideia não conhece repouso.

120

Burla, a religião nunca poderia ser. Se não existir Deus, quem viveu acreditando numa inspiração moral dentro da natureza viveu a mais nobre das existências. Mas, se fosse burla, antes viver na eterna ignorância da realidade do que na consciência de que o universo não passa de um logro.

121
A consciência é o último ramo da alma que floresce; só dá frutos tardios.

122
O nomadismo intelectual parece-me mais difícil de reprimir-se do que qualquer outro pendor natural da imaginação. Esta já chegou, pela apuração religiosa, ao monoteísmo; pela apuração moral, à monogamia; o homem é em geral monoglota; se fosse necessário, contentar-se-ia com um livro único. Nunca, porém, a imaginação se há de conformar com um só horizonte. Sua essência é ter o universo por morada. O homem-tipo, no entanto, é como a árvore, feita para medrar e produzir seus frutos enquanto presa, pelas raízes, sempre à mesma terra. O nomadismo só é permitido à imaginação.

123
A vida se está transformando em guerra encarniçada e sem tréguas. Atiram-se nela os homens sem terem recebido nenhum código de deveres ou de princípios. Foram primeiro as raças, depois as classes a lutarem entre si; hoje lutam indivíduos. Raças e classes precisaram, para vencer e dominar, submeter-se a um código de deveres ou princípios. O indivíduo, porém, governa-se a si mesmo; cria a própria lei. Na luta moderna pela vida, não haverá, um dia, senão *free-booters*.

124
A melhor educação é aquela que consegue transmitir, de uma geração a outra, maior soma de experiência e de sabedoria. A arte de viver é, afinal, a que mais importa aprender. Os elementos principais de uma educação nacional são os que tendem a manter o caráter da raça, as tradições e os costumes da terra. Tal era antigamente o objetivo da educação. Hoje ela ensina à criança tudo, menos a viver.

125
Porque a mulher será sempre a mãe do homem,

tem sobre ele uma hipoteca privilegiada perpétua. Pode tudo recear de si mesma, não dele.

126
O homem é mais sensível ao isolamento do que a mulher. Até no paraíso Deus achou que a solidão lhe seria penosa.

127
A mulher tem, portanto, razão quando se julga necessária ao homem. Por outro lado, não deve esquecer que ela é apenas um ser complementar, tirado de sua costela, e que o único motivo que levou Deus a criá-la foi a felicidade do homem.

128
Talvez à mulher do futuro essa lenda pareça humilhante. Quem sabe se não a inventou o homem para compensar aos olhos da companheira a inferioridade em que o coloca seu próprio nascimento? Se, com efeito, a primeira mulher saiu da costela de Adão, subsequentemente todos os homens saíram do seio da mulher.

129

Considerai-vos diaristas de Deus. Evitareis assim o maior incentivo para o pessimismo, que é esse pretenso direito de não se associar às lutas do presente por preocupação do futuro. Corresponde a dizer: "De que adianta? Há de se renovar a contenda e virá então a derrota." Não importa! Se vosso destino for morrer numa escaramuça, aceitais esta morte. Para soldados, isso é ponto de honra. Se os combatentes fossem se preocupar com as batalhas que outros travarão no futuro, que seria do país? Cuidar do presente, do verdadeiramente oportuno, lavrar carinhosamente o momento que passa, como se fosse um bloco de eternidade, eis o que constituiu sempre a riqueza do detalhe histórico. Se os homens vivessem de preferência no futuro, os maiores dentre eles seriam apenas os comparsas da história.

130

O século sacudiu mais que qualquer outro o sistema nervoso da humanidade. Criou talvez os maiores prodígios da invenção humana, mas também aumentou extraordinariamente a pressão da vida sobre o cérebro. O homem ingressou nele em sege de posta e emergiu em automóvel. Está aí a verdadeira imagem da velocidade com que caminha interiormente. Queima os quilômetros. Nesse passo, não tardará em se tornar um agitado.

131
O sentido de uma página escapará por completo ao leitor que não for conduzido e preparado para ela por uma emoção semelhante àquela que a fez brotar. Acontece até que a mesma página, lida em épocas diversas, causa impressões diferentes. O talento do escritor consiste em conduzir-nos, suave e insensivelmente, a um estado de espírito em que seus dizeres tenham um sentido para nós, um sentido que não varie.

132
Os escritores dissipam seu talento sem o saber, porque escrever é fazer seleção dentro do próprio pensamento, e eles estão constantemente a rejeitar o que ele produz de melhor para dar do menos bom. Na profusão de ideias que a inteligência universal nos oferece, escolhemos as que nos agradam, e nessa escolha está o perigo para o pensador, o poeta, o artista. Mesmo um homem de gênio pode usar da própria ri-

queza intelectual à moda de certos milionários que, com os mais maravilhosos tecidos e as mais belas pedrarias, ostentam apenas falta de gosto. O cérebro recebe seguidamente os reflexos do ideal, e é a perfeição desses ideais que constitui o gênio; a função é inteiramente passiva, qual a de um receptor e de um espelho. O artista, o escritor, é aquele que quer transmitir a outros as ideias que recolhe; ora, esta função é diferente, é função ativa, e uma inspiração pessoal torna o espelho juiz do objeto refletido. Há quem tenha um grande gênio passivo, mas um pequeno talento crítico, e assim reflita melhor que os outros o infinito, sem saber apresentar nenhuma das imagens recebidas. Há quem tenha, pelo contrário, um grande talento de fotógrafo intelectual e não encontre em si, para serem reproduzidas, senão imagens de segunda ordem.

133

Compreendo perfeitamente que quem não se sentir inteiramente seguro de uma outra vida dedique mais tempo a dar graças a Deus do que se tivesse a certeza de poder fazê-lo por toda a eternidade.

134
A altivez arvorada pelo arrivista é apenas a fachada do seu caráter. O interior é chato.

135
Apraz-nos a montanha mas, provavelmente, o que mais nos agrada nela é o ar puro e o largo horizonte que ela nos proporciona. Em si, as montanhas, essas protuberâncias terrestres cheias de fundas cavidades, supõem erupções e dilúvios. Contemplar a planície e contemplar a montanha são dois gozos que não provêm da mesma mola intelectual. A montanha interrompe a vista, logo, o espírito; nesse sentido, tem algo de repousante, pois marca limites, ao contrário da planície interminável, ou do mar aberto. Nestes, confrontamos o espaço sem fim. Idealmente, a forma perfeita de paisagem seria a extensão plana, sem estorvos para a vista, sem acidentes a sugerirem ideias de luta, de choque, ou de destroço, e sem nada de retorcido nem de contrafeito.

136
O que o homem mais preza na montanha é chegar o mais perto possível do universo. Desde que existem montanhas, ele procura ver o

panorama que se descobre do último píncaro, prova de que a planície, com seu horizonte ilimitado e, acima, a abóbada do céu, são para ele os dois maiores espetáculos do mundo. Uma torre nos pampas ou face ao mar abre, à imaginação e ao espírito, campo muito mais largo que o de um campanário aninhado num vale entre montanhas, ou à beira de um lago que caiba, inteiro, em nossa retina.

137

Falam de monotonia. Monotonia no mar! Monotonia do céu! Monotonia da planície! Essa monotonia só existe para quem é incapaz de fundir sua alma na do universo, mas para gente assim, tudo se torna monótono após a primeira impressão. Para quem prefere acertar o coração pelo ritmo da natureza, não pode haver monotonia no espetáculo que ela desdobra e renova sem nunca se repetir. O nascer e o pôr-do-sol, a rota da lua e das estrelas, a transformação das cores e das sombras, a alvura e a irisação das nuvens e, no mar, a vida tão caprichosa e tão trágica das vagas, a meiguice e a loucura dos ventos, tudo isso cria a cada instante um quadro novo para os habitantes das planícies ou das praias.

138
A solidão, essa sim, e só ela, é contrária ao instinto, adquirido ou natural, do homem. Quanto à paisagem, ele sentiria antes a monotonia da montanha do que a da planície ou do mar. Aliás, o coração das raças forma-se pelo aspecto predominante da sua terra. Umas raças terão a nostalgia da montanha, outras, a da planície ou da praia, outras até a das areias do deserto ou dos gelos dos polos.

139
Nada há melhor para o espírito, para o gênio, do que o estímulo da concorrência. Foi ela, por exemplo, que fez da Renascença uma grande época; os gênios não se esforçavam apenas em exceder os próprios feitos, traço natural do gênio, mas em exceder aos dos outros; viam em cada obra nova de produção alheia, uma rival da própria. Não há negar que o prazer do autor ao conceber e produzir qualquer obra de arte ou de pensamento é muitíssimo maior do que o de contemplá-la depois de entregue à turba. Já então ele se preocupa com sua criação futura. Por outro lado, todo gênio sincero, terá maior prazer com a frescura e a revelação da obra de um espírito igual ao seu do que com os

próprios trabalhos, cujo esforço lhe é igualmente conhecido.

140

A tendência para comparar e contrastar é, pelo contrário, fatal à arte. Por que opor Michelangelo a Rafael ou a Leonardo? Poderá alguém, jamais, entre as obras de Deus, dizer qual é a mais bela, ou aquela em que pôs mais do Seu gênio? A estética do Gênese é em tudo a única estética verdadeira. A natureza exclui de sua obra, que é a obra de arte por excelência, a uniformidade e a subordinação. Deus achou igualmente bom tudo quanto criou; assim deve o gênio humano achar igualmente bom tudo quanto produz e acaba. As obras do espírito, do mesmo modo que as formas vivas, devem ser vistas em si e não opostas umas às outras. Opô-las umas às outras é falta de senso estético e de senso moral.

141

Personagem que Deus não cuidou de convocar quando criou o mundo, o crítico faz questão de estabelecer uma hierarquia nas obras da criação e nas obras do espírito humano. Assim geram-se inveja e desprezo, e o desânimo dos maiores, ante injustiças; assim ficam eles à mercê de seus inferiores, os estéreis. A única estética sadia é a que não cogita de medir impressões produzidas por tipos diferentes, a que coloca no mesmo plano todos os grandes esforços intelectuais da humanidade, fundindo-os no gênio humano, como as cores se fundem na luz sem sobressair nenhuma."

142
Não nos desculpemos de amar com a imaginação. Tudo é imaginação. O amor é imaginação concentrada; a poesia, imaginação difusa.

143
Que faria a águia se tivesse a cauda do pavão?

144
Tenho a clara percepção do vazio no espaço e no tempo; meu pensamento não recua perante a ideia, nem de espaço infinito, nem de tempo infinito, porque encara neles o vazio e a própria forma do vazio. Por outro lado, repugna-me a ideia do inumerável em se tratando de existências concretas, seja no tempo ou no espaço, porque isto é confundir o ser e o não-ser. Os astros existentes no mundo não podem deixar

de ter número certo, por maior que este seja, e igualmente, têm conta os seres microscópicos. É na ideia da criação tirada do nada, que o mistério aniquila meu pensamento, obrigando-me a imaginar o nada. Por outro lado concebo, também como mistério, a existência sem começo quando o começo é inconcebível, como o é para Deus. Isso implica espaços inumeráveis de tempo para uma existência real e parece contrariar a minha confessada incapacidade para imaginar existências reais sem demarcação quer de tempo quer de espaço. Mas o pensamento aceita a duração eterna do Ser Infinito como a única forma de existência possível para Ele, e adota, sem o explicar, este conceito, que não pode ser aplicado às coisas concretas.

145

Por esta concepção do espírito sem princípio, reduz-se a criação a mero acidente da eternidade. Evidentemente todo espírito criado imortal alcançaria fatalmente o infinito em meio da eternidade. O meio seria para cada um o momento em que vive, assim como o centro do horizonte depende para cada barco do ponto em que se encontra. A imaginação, porém, divaga, perdida nessa metade de eternidade anterior a toda criação concebível e que só pode fechar com o grande pano de fundo de São João: "No princípio era o Verbo e o Verbo estava em Deus e o Verbo era Deus. Ele no princípio estava em Deus."

146
O Cristão imagina Deus a sós com o Verbo e com o Espírito durante essa primeira fase de eternidade, e o Verbo começando a segunda pela criação. "Todas as coisas foram feitas por ele." Nisto está o grande papel da religião: impedir que a imaginação se desgarre, nos espaços e abismos da eternidade anterior à criação, onde nenhuma luz a poderia guiar, nem mesmo a da religião, que não foi feita para alumiá-los.

147
"E a luz brilhou nas trevas e as trevas não a compreenderam." As trevas jamais hão de compreender a luz. Devem contentar-se em vê-la brilhar ao longe.

148
É ilusão pensar que livros possam, por si, conduzir-nos de regresso à fé. Os que nos abalam,

são apenas veículos de uma influência à qual o coração já cedera.

149

A faculdade poética é, em última análise, a imaginação desacorrentada. O verdadeiro poeta é o homem que se sente rei de seu pensamento como a águia, dos ares, e é servido por suas ideias numa esfera onde nada o pode atingir. No poeta, há algo do criminoso imaginário, do pecador que se absolve a si mesmo, do espírito que quebra convenções sociais para criar sua própria lei irresponsável. A verdade sobre a poesia nunca se afastará da concepção antiga que a tinha por uma das formas de delírio.

150

É difícil imaginar Bacon como autor da obra de Shakespeare; é difícil, sobretudo porque custa conceber Bacon libertando sua imaginação a ponto de sair dela um Hamlet, um Macbeth, um Lear. O verdadeiro poeta não teme o pesadelo, nem mesmo a loucura. É como o filósofo ou o santo. Sua imaginação deve poder desgarrar-se numa liberdade tão ampla que ele não tenha sequer a certeza de tornar a submetê-la ao jugo da razão. Logo que ela reassumir as grilhetas, o poeta desaparece.

151

O exemplo típico desses grandes poetas que se projetaram com destemor através do espaço é Shelley, procurando alcançar o éter, tornar-se puro espírito, pôr-se em contato com Prometeu. Outros não tiveram o temperamento poético integral, exclusivo; quiseram ser coisa diferente; neles o delírio, ou foi, por assim dizer, voluntário, ou teve apenas a força desta outra doença mental, segundo os gregos: o amor. Os poetas do amor, os poetas da glória, os épicos de uma raça, como Horácio ou Petrarca, Homero ou Camões, são governados pelo bom senso alheio; navegam costeando o ideal, mas os poetas verdadeiramente livres, como Dante, Milton, Shakespeare, Shelley, Göethe, estes penetram em plena região do ideal, não como simples mortais, mas como espíritos de categoria superior.

152

A muitos gênios, desaparecidos sem deixar nome, não foi capacidade que faltou para produzirem criações tão ousadas e tão vivas quanto as dos grandes poetas; faltou-lhes força para dar rédea à imaginação, foram incapazes de perder o sentido do real. Por isso fugiram diante da inspiração como fugiriam diante da loucura ou do vácuo.

153
A função mais corrente da poesia corresponde, porém, ao canto nos pássaros. É puro deleite.

154
Em política, não nos devemos preocupar com abrir caminho ao destino, *fata viam invenient*; tenhamos, porém, muito cuidado em não barrá-lo.

155
A arte do estadista tem diversos pontos em comum com a do engenheiro. Compete-lhe saber construir sobre rocha, sobre areia, e até no fundo do oceano; lançar pontes suspensas entre duas ribas escarpadas e, para tanto, calcular precisamente a solidez dos materiais, a resistência dos terrenos, ou a pressão das correntes. A política puramente ideal é comparável a uma arquitetura que desprezasse a mecânica. No entanto essa política será eternamente a mais

popular de todas, ao passo que semelhante arquitetura ruiria no mesmo instante.

156

Publicar uma obra equivale para o escritor a montar barraca na feira de livros. Ora, o que o escritor ambiciona não é atrair compradores, mas repartir com os outros as emoções que sentiu. No fundo, ele só faz questão, de um número limitado de leitores, desses que são os melhores amigos do escritor. Saber-se procurado, em bibliotecas ou livrarias, por um pequeno e sempre renovado grupo de tais amigos — e amigo é a única palavra que exprima a relação que o autor deseja ter com o público, — outra não foi certamente a ambição de um Joubert ou um Amiel. Por faltar-lhes coragem para ingressar no mercado das reputações, eles mesmos nada publicaram.

157

Sede vaidosa quanto quiserdes, contanto que não vos falte bondade. Daí graças a Deus de vos haver criado com o mesmo carinho com que fez a flor.

158
É provável que Cristo se tenha cercado só de mulheres bonitas É difícil imaginar a Virgem, Maria Madalena, Marta, Maria, irmã de Lázaro, ou mesmo Verônica, desgraciosas e sem atrativos. Pelo menos, devem ter tido essa irradiação interior que é a maior beleza para o rosto, afogando-lhe os traços na sua doçura, como o arroubo e o ritmo da dança, afogam as linhas do corpo na sua graça.

159
O anacoreta, o asceta, o autoflagelante não figuram ainda no Evangelho; em presença do divino Mestre, só se encontra gente simples, sem problemas interiores a exigirem tortura do corpo ou da alma, gozando, pelo contrário, dos bens da vida, prodigalizados por Deus, e despreocupados como crianças que brincam, ou pássaros que cantam.

160
Não há como os rompantes da palestra para trair a verdadeira natureza do espírito.

161
A escrever *O Suíno Filósofo*. Um suíno deixa-se

engordar por longo tempo, gozando da vida sem cuidar do dia de amanhã, vendo no dono um escravo, feito para atender-lhe às necessidades. Aproxima-se, no entanto, o dia de festa em que vai ser sacrificado para regalo da família. Percebendo o propósito que há de se lhe tirar a vida, o suíno pondera sobre se a sua dívida de gratidão, para com aquele que o tratou tão generosamente, o obriga a alimentá-lo com a própria carne. Decide-se honestamente pela negativa e vai então, com seu habitual bom humor, comer ao lado de sua prisão, erva venenosas conhecidas só por ele. No dia seguinte, anfitrião e convivas, lamentando a ingratidão do suíno, culpavam-no de haver violado as leis da comunidade.

162

A Felicidade é a mais doce e a mais tímida das fadas. A legião de turiferários, os Prazeres que cercam a Vaidade, mofam-na, porque, sendo fada tão excelsa, só se faz acompanhar de um único e humilde companheiro, o Contentamento. A Vaidade, porém, é fada decaída; vive de simulações e de artifícios. Não é rival da Felicidade; a rival da Felicidade é a Fortuna. A esta cabe presidir à grande esfera da ambição, aos sorteios do gênio e da riqueza que Deus distribui cegamente entre os homens. Quanto à outra, a Felicidade, o mais que pode dar aos seus é um pequeno talismã chamado Conformidade, que torna o possuidor contente com a sorte que lhe coube. Felicidade e Fortuna não se conhecem.

163

A mais benfazeja das Madonas é aquela que cobre cada dia com seu manto invisível as culpas e as desgraças íntimas. Ela vê o terror dos fracos, dos criminosos, das vítimas, nos momentos de desfalecimento, de desgarro e de vergonha, e desviam logo dos seus rostos transtornados, das suas feições aflitas, a suspeita maldosa e a curiosidade pérfida. É ela quem cura suavemente as chagas da consciência, da dignidade, do amor, até a cicatriz já não ser vista por ninguém. Em volta dela, revoam desarmadas, as harpias da maledicência que, longe dela, caem sobre a carne viva das reputações, mal um ponto duvidoso é exposto à luz. O sacrifício que ela pede aos que desejam sua proteção é fazer o mesmo que ela em derredor: respeitar o pudor da consciência que se esforça por esconder a úlcera que a vem roendo, e fingir ignorar o segredo das culpas que adivinharam ou das quais tiveram revelação fortuita. O momento de sua maior ternura, em que seu coração se desfaz em lágrimas, mais quentes que as nossas, é quando vê aquele que ela protegeu confessar, espontaneamente, por excesso de sinceridade, um segredo nunca dantes conhecido de ninguém. Ela guarda os selos do desconhecido, sob os quais se conserva a verdadeira história, a que nunca foi escrita, e traz sempre consigo o livro das anistias secretas, que a providência assina cada dia, aos milhares. Agradam-lhe as lendas de virtude e de inocência que a menor indiscrição bastaria para destruir e que, graças a ela, enfeitam para sempre os túmulos. Ela é a padroeira dos que, estando altamente colocados, na hierarquia social e mesmo na religiosa, não tiveram o caráter à altura da tentação que lhes foi suscitada; a padroeira dos filhos, que escondem a si mesmos o mistério de seu nascimento, e das esposas que coram subitamente diante dos filhos, sem que estes saibam por quê. Suas preces são pelas mulheres mais do que pelos homens, pelos mortos ainda mais do que pelos vivos. Ao encobrir uma falta que mancharia para sempre um nome, ela se recorda de um antepassado que o trouxe com honra, ou pensa no descendente sem culpa, já inscrito no livro da vida com a marca de agradável a Deus. Ela corre incessantemente atrás da Fama para lhe obstar que publique os golpes de estilete da calúnia ou do ódio, as confissões que não se puderam calar, as efusões daqueles que pensavam amar-se para sempre. Sua cólera é contra o covarde que condena outros por faltas que ele mesmo cometeu e por vícios que são os seus. Gelam-se lhe as mãos, para-lhe o coração, quando vê, nas reuniões de homens ou de mulheres, aparecer a vítima expiatória que a moralidade social reclama e que a hipocrisia e a fraqueza humana lhes vão entregar. Ela não é a justiça nem a equidade, mas a misericórdia. Seu nome é Nossa Senhora do Olvido.

164

Ter amado a mesma mulher na juventude torna-se, no declínio da vida, um laço de simpatia entre dois, e até vários, homens. Nunca de tal sentimento nasceria uma amizade entre mulheres.

165

O adultério é, muitas vezes, para o jovem, apenas a vontade de conhecer o interior do casamento, curiosidade malsã, como a de Clódio, introduzindo-se em casa de César durante a celebração dos mistérios femininos.

166
A liberdade é sempre popular. A ordem só o é, de verdade, *in extremis*, nas horas das convulsões.

167
Roma principiou com o rapto das Sabinas. A cidade futura começará com o rapto dos jovens inclinados à vida celibatária, pelas donzelas resolvidas a não ficar solteiras.

168
Assim como é impossível amar verdadeiramente a Deus sem amar ao próximo, também é impossível amar verdadeiramente seu país sem amar seus compatriotas.

169
Talvez não exista na história drama psicológico tão difícil de escrever-se quanto o de Alcebíades. Os elementos para o estudo encontram-se antes em Cornélio Nepos do que em Plutarco. Jamais meteoro político foi mais deslumbrante.

O próprio Alexandre, em relação ao mais brilhante dos gregos, deve ter sentido o que sentiu Dario em relação a ele — que era um bárbaro. Os monólogos interiores de César antes do Rubicon, de Cícero depois de Farsália, não têm o mesmo caráter pessoal de drama que tiveram os de Alcebíades cinquenta vezes na vida. Dele é possível afirmar-se que a fortuna não queria outro, e que, a tal preço, Atenas a rejeitou. Nenhum grande homem viveu cercado de tanta agitação nem produziu tal remoinho. Quem conseguisse fazer ressurgir Alcebíades, pôr-lhe a vivo o pensamento, as lutas interiores, os motivos das resoluções súbitas ou calculadas, faria a obra mais empolgante que a história ofereça como assunto dramático. Shakespeare reconstituiu César, mas nem ele reconstituiria Alcebíades. Este é toda a alma ateniense, muito mais difícil de apreender do que a romana em qualquer época, impossível mesmo de apreender.

170

A influência social inglesa, cada vez maior, já destruiu as maneiras que nos séculos XVII e XVIII fizeram da civilidade uma arte tão complicada. O esporte acabou por fechar os salões, assim como os exercícios físicos acabariam, se não fosse a reação inevitável por destruir os requintes do espírito.

171

Essa necessidade de liberdade nos movimentos, unida à timidez dos povos recém ingressados na civilização latina — a timidez nos temperamentos altivos e corajosos leva a excessos; produziu na literatura os mesmos efeitos que na alta sociedade: derrubou as convenções clássicas para dar o cetro à naturalidade. O brotar de ideias é mais forte quando não se emprega a retórica, e o brotar dos sentimentos quando se afasta a etiqueta. Entre um jardim de Le Nôtre e a floresta virgem, o gosto do homem há de oscilar, segundo as raças, até o fim. Aos latinos, agrada a paisagem artística; os ingleses preferem a natureza à arte. Em tudo, essa preferência caracteriza o gênio inglês.

172

Afirma-se a superioridade dos anglo-saxões. Segundo todas as probabilidades, sem o contato latino, os anglo-saxões, ainda estariam nas florestas indígenas, no mesmo estado em que se achavam antes da conquista romana. As raças incapazes de alcançar por elas mesmas a civilização, não são, no quadro básico dos tipos humanos, raças superiores àquela que as poliu. Por outro lado, sem a renovação produzida pelo cruzamento com os povos do Norte, é provável que a civilização latina derivasse inteiramente para o bizantismo ou para formas ainda mais degradantes de vida e de pensamento, donde não se levantaria mais. A dívida do mundo romano para com os bárbaros é assim tão grande quanto a dos bárbaros para com os romanos. É, porém, demasiado cedo para falar da superioridade das raças do Norte sobre as do Sul.

173

A língua que falam os ingleses é o melhor índice do que devem e do que não devem à raça latina. Excluídos os vocábulos que exprimem fenômenos da natureza, instintos naturais, usos primitivos, objetos ou fatos intuitivos do pensamento, quase todas as suas palavras provêm do latim. O instante de seu mapeamento, o diesel que lhes descerrou e amoldou o cérebro foi, pois, a língua íntima. Os anglo-saxônicos estão ainda longe de sustentar sós o gênio humano, e errariam se acreditassem que já hoje lhe refletem os raios mais brilhantes. O que chamam decadência latina talvez seja apenas uma pausa, o intervalo que qualquer força criadora requer para se refazer.

174

Não seria possível haver, no mesmo país, um partido político composto de gente honesta e outro de gente desonesta. Ambos terão a mesma média. Os partidos formam-se todos da mesma massa, que é o povo, e vão ao mesmo fogo, que é o espírito da atualidade. Se o espírito do tempo tender à corrupção, ambos serão corruptos; se for, pelo contrário, probo e severo, nem um nem outro merecerá suspeita. É ainda a lei do nível dos líquidos em vasos comunicantes.

175

Nos regimes constitucionais, os partidos são apenas os pesos que movimentam a pêndula. Ambos sobem e descem. Aliás, em geral, a gente não escolhe seu partido, como não escolhe sua fé. Herda-o. Assim, na formação dos partidos, o princípio mais considerável é a continuação de pai a filho, o que implica tradição e fidelidade.

176
O dinheiro é o eterno prato de lentilhas da humanidade.

177
Ninguém em política leva em conta a transformação do indivíduo e, no entanto, ela é um fato inevitável na vida. Fica sempre a primeira impressão. Ora, nada é mais errôneo do que supor que um homem possa ser sempre o mesmo, aos vinte, quarenta, ou aos sessenta anos. Serão pelo menos três homens diferentes, seja ele operário, médico, sacerdote, lavrador, poeta ou homem de estado. Mesmo à fortuna, sempre volúvel, é atribuída uma afeição perene às pessoas que algum dia acertaram com ela. Não há perdão para os que uma vez naufragaram. Ora, a fortuna, em negócios públicos, não é dom pessoal, mas nacional. César, Napoleão, Lincoln, que lograram os maiores êxitos, tiveram fins trágicos, e não seriam julgados venturosos pelos sábios que pronunciaram o *nervo ante obitum beatos. Não* se entregariam exércitos a um general traído pela fortuna. Não se confiaria outra vez a sorte de uma dinastia a um Poligonal ou a um Guizot. Vigora enfim o preconceito da unidade, da imutabilidade do

indivíduo, mesmo na sua fortuna política, quando o fato é que um homem público, no fim de certo tempo, se torna personagem inteiramente diverso.

178

Tive por mestre e amigo o velho barão Herman von Tautphoeus, um bávaro que passou a vida no Brasil, a lecionar, sem sentir nostalgia da Europa. Sua calma de filósofo, sua erudição de sábio, seu inteiro esquecimento de si, sua resistência à fadiga, sua impermeabilidade ao tédio, sua modéstia absoluta, sua alegria de viver como espectador do mundo, pronto a ceder seu lugar a outro no momento dado, e também o calor do seu espiritualismo, tornaram-no para mim uma espécie de Sócrates, com cuja máscara tinha certa semelhança. Foi pensando nele que compreendi duas coisas: uma, que um grande espírito pode mover-se à vontade numa religião murada de todos os lados, como são todas as religiões, pois que ele era católico sincero; outra, que os escritores não formam o escol intelectual da humanidade, pois ele, com toda sua ciência e toda sua pujança de pensamento, nada escreveu.

179
Existe, realmente, ao lado do teatro e do mercado literário, uma Trappa intelectual consagrada à meditação e ao silêncio, e onde se refugiam os que desprezam a publicidade, seus mostruários, sua pressa, seu sonegar do bem alheio, sua falta de sinceridade. O ódio às luzes da rampa nunca será sinal de inferioridade.

180
Bacon e Göethe souberam arranjar-se com seus superiores para explorar as veias que lhes pareciam mais ricas dos seus cérebros; o que foi extraído permite, no entanto, avaliar o quilate do que se perdeu. Ambos, porém, são exceções, pois nunca repousaram senão o tempo necessário para refazer-se. Quantos se viram impedidos, anos a fio, às vezes toda a vida, de cultivar seu talento, de lavrar seu gênio, presos por tarefas secundárias de que outros se desempenhariam melhor. São inúmeras as vocações intelectuais frustradas pela servidão da vida social.

181
É necessário por outro lado deixar muitas vezes o talento inculto, a fim de lhe conservar sua frescura, sua espontaneidade de produção.

182
A morte das ilusões atua sobre as fontes do gênio como a destruição das florestas sobre as nascentes dos rios.

183
É melhor ser um jovem imaginário que um velho imaginário.

184
Acima do poeta, daquele que destila a Poesia, está quem a criou: na natureza, o Criador; nos sentimentos, a linguagem, as tradições, a religião, em suma, a alma do mundo, o Inconsciente. Para todo espírito religioso, o Inconsciente é termo necessário; é o véu, o pseudônimo de Deus, cujo incógnito deve ser respeitado. Termo inventado pelo materialismo, mas que é preciso não lhe deixar. Merece ter alma de verdade.

185
Homem, escravo da vida, julgas então possível que a morte, tua carta de liberdade, seja uma ilusão?

186
O homem de salão colhido pela surdez pode gozar ainda da pantomima, mas não da comédia social.

187
A humanidade do porvir ou se assemelhará às plantas sem raízes, ou terá raízes aéreas.

188
A défaut du pardon, laisse venir l'oubli — disse Musset. Esquecer, no entanto, é infinitamente mais difícil que perdoar e, em matéria de amor, o esquecimento só é possível quando sucede ao perdão.

189
O axioma da escola pitagórica de que nos contrários está o princípio de todas as coisas, é o que dá mais luz para o estudo do homem, o conhecimento de si mesmo e a direção da vida. Ela encerra toda a política, todo o direito, toda a equidade — e esta é afinal a única verdadeira justiça humana.

190
A escrever O último *Conselho dos Deuses,* Cena

do Olimpo: Júpiter, vendo que em Roma tudo está a desabar e que o politeísmo corre perigo, reúne o conselho. Sessão tempestuosa. Culpam-se uns aos outros os deuses pela catástrofe iminente. Vesta denuncia com fragor a influência de Vênus, desmoralizadora do lar, da religião, dos Penates; Marte responsabiliza Plutão pela incapacidade dos romanos, que ele corrompera pela riqueza e o ócio; Minerva acusa Júpiter, cujo reino só poderia acabar com a reação que está prestes a exilar da terra a Sabedoria e as Graças. Todos, no entanto, acabam por se reconciliar, cedendo ao divino instinto de conservação. Unidos, volvem-se contra a Fama, divindade secundária. Era ela a causa de tudo; só ela, espalhando pelo mundo o segredo das culpas dos deuses, insurgira os homens contra eles. Por ela — fonte das desavenças e da fraqueza humana — contavam governar o mundo para sempre, mas ela os traíra com suas narrações indiscretas. Então o conselho pronuncia-se unanimemente para que a Fama seja expulsa do Olimpo. Por este motivo não foi possível saber como acabaram os deuses. Serão eles hoje imortais penitentes, ou imortais rebeldes? A Fama, excluída da sua confiança, não nos pode mais informar.

191
A ideia de um dia por ano consagrado ao culto do Ente Supremo permanece ligada a certas lembranças revolucionárias, que atacam toda religião pela base. O pensamento que inspirou essa festa foi pensamento de ódio, de depuração religiosa, de fanatismo, não foi de união entre criaturas de todas as crenças, numa idêntica prosternação perante o Criador. Não há, no entanto, ideia mais bela do que seria um encontro de todos os pensamentos no mesmo dia para uma homenagem comum à divindade. Não é exequível, evidentemente, a ideia de uma cerimônia única, porque assim não seria adorado o mesmo Deus. Uma cerimônia única não teria significado. Mas um dia do ano, reservado pela humanidade inteira, para dar graças coletivamente ao Criador, cada religião ao seu modo, seria um testemunho estrondoso da extensão e força do sentimento religioso no mundo.

192
Um ato a escrever. *A Mulher de Loth.* Volve-se, de instante a instante, durante a fuga, para olhar a cidade onde deixa seus amigos, suas companheiras, suas escravas, todos aqueles a

quem tivera apego. À medida que se sente vencida imobilidade fatal, seus olhos se fixam, com ânsia crescente, no ponto distante onde agonizam entes queridos. Suas mãos petrificam-se num aceno de despedida, sua garganta num soluço. Tinha o coração submisso, mas o carinho dominou a obediência. Não era o pecado que a prendia a Sodoma submergida; saíra intacta. Era o amor, e a este nem Deus pode dominar. Por longo espaço, até que o tempo a destruísse, os dois anjos que conduziram Loth e Segor, ali vinham, ao cair da tarde, contemplar, na solidão, a Estátua de sal, e admirar a piedade humana.

193

Entre todos os vocábulos, não deve haver nenhum tão comovente quanto a palavra portuguesa *saudade*. Ela traduz a lástima da ausência, a tristeza das separações, toda a escala da privação de entes ou de objetos amados; é a palavra que se grava sobre os túmulos, a mensagem que se envia aos parentes, aos amigos. É o sentimento que o exilado tem pela pátria, o marinheiro pela família, os namorados um pelo outro, apenas separam-se. Saudade sentimos da nossa casa, dos nossos livros, dos nossos amigos, da nossa infância, dos dias idos.

194

Neste vocábulo dolente e nostálgico cabe toda a alma da raça. A palavra *adeus* já perdeu para todos o sentido de sua composição, já não sugere a ninguém o sentimento que o impôs à linguagem humana: *a Deus*. *Saudade* também já não lembra a ideia de *soledade*, solidão; guardou apenas seu efeito íntimo sobre o coração: o vazio daquilo que amamos. É realmente estranho que tal efeito, e logo o mais profundo, da solidão, só ficasse assinalado na linguagem de uma dentre as raças humanas. Depõe seguramente em favor das qualidades afetivas desta raça.

195

A direção do rio que navegamos é fácil de ver, mas não assim o rumo em que corre nossa vida. Às vezes queremos ardentemente alguma coisa e alcançamos nosso desejo; parecia-nos que esta era a direção da nossa vida, mas era a contrária, e assim fomos obreiros da própria desdita. Outras vezes escapa-nos aquilo que mais havíamos desejado; sentimos uma profunda mágoa, mas vai começar nossa felicidade, pois agora entramos na correnteza que foi feita para nos conduzir. Nada desejar com convicção, eis a verdadeira sabedoria; assim pelo menos não seremos inteiramente logrados pelo próprio desejo, e confessaremos ignorar tudo do próprio destino.

196
As guerras são as válvulas de segurança do militarismo. Sem elas não seria possível evitar que ele explodisse.

197
É grande e útil a função da crítica. Ela é quem forma o gosto público. São beneméritos aqueles que, sobre ter bom gosto, emprestam esse gosto a toda a gente. É de esperar que não errem em demasia, mas não há negar que os críticos têm sempre simpatias e antipatias pessoais muito vivas, e que se pronunciam debaixo dessas influências. Alguns há, por exemplo, que não toleram a complacência de Chateaubriand pelo próprio estilo; no entanto, crítico que arrasta Chateaubriand ao próprio tribunal demonstra um apreço de si mesmo mais difícil de suportar que o dele, que pelo menos tinha a

desculpa do gênio. A vaidade de Cícero também ultraja censores, todos, inconscientemente, mais vaidosos que o tribuno romano cuja personalidade, hoje tão apupada pela crítica, empolgou vinte séculos.

198
Urge, pois, ao pegar de um livro de crítica, descobrir o ponto de vista do autor. Se vos parecer que em seu juízo entram afinidades ou repulsões pessoais e instintivas, é preciso dar-lhes o desconto, assim como fareis ao ouvir o juízo de uma qualquer pessoa sobre outra, que subitamente lhe agradou ou lhe desagradou. Se notares que ele se apoia em prevenções religiosas, políticas, nacionais ou filosóficas, convém lembrar-vos, à leitura, que é opinião de um sectário, sobre um correligionário, sobre um inimigo ou sobre um indiferente.

199
Embora Auguste Comte não se permitisse o ingresso ao que se deve chamar a esfera superior da imaginação, teve uma compreensão muito ampla da humanidade. Não sei, entre ele e Chateaubriand, qual foi o verdadeiro anti-Voltaire do século XIX. Seu campo de visão foi

dos mais largos do gênero humano, embora fechado do lado do futuro, quer pela sua incapacidade em compreender a raça anglo-saxônia, quer pela sua preocupação de suceder ao Papa — e revestido da infalibilidade científica, além da infalibilidade dogmática e moral. Fez história indutiva e, por ser próprio do gênio adivinhar acertando, seus pontos de vista históricos sobre muitas épocas e personagens do passado são dos mais largos que existem. Mas transformou a história numa simples trilogia, que conduz à sua apoteose, quando ela se há de desenrolar em atos inúmeros, formando todos o mesmo ciclo divino.

200

É de crer que a humanidade só viva para o prazer, porque é ao prazer que ela, quando ao fim de aturados esforços alcança a riqueza, dedica tudo que acumulou. O homem parece nisto deixar-se conduzir pela mulher. Confia nela, cada vez mais, sobre o fim ulterior e final de sua comum existência, e ela opta pelo prazer. Dá-se isto com o escol, pelo qual toda sociedade deve ser julgada; a planta se julga pela flor. O gozo da vida é decerto legítimo, mas o culto do prazer exclui o das coisas sérias, dos belos empreendimentos, dos nobres sacrifícios. A riqueza é apenas um meio; se, realmente, o fim for o prazer, então o destino do homem é o do porco de Epicuro.

201

A nobreza da vida depende do fim a que se propõe a riqueza; posta ao serviço do ideal, é nobreza dobrada; ao serviço do prazer, é pagamento completo. O grande interesse humano seria que a cristalização da riqueza em aristocracia se fizesse em torno do ideal e não do prazer, ou antes que fizesse do ideal seu prazer.

202

As mulheres acham que, na vida, a mulher simboliza o desinteresse, e o homem, o egoísmo. No entanto, se a carga voluntária que o homem leva a ombros, pesasse sobre os da mulher, ela há muitos séculos a teria largado. O fardo involuntário não entra em conta na avaliação da generosidade e do desinteresse.

203

Cada sexo teve, com efeito, seu castigo próprio. O Gênese ainda nisso dá-nos a primeira e a última palavra da vida.

204

Duvido que o gênio venha um dia a esgotar essa fonte de inspiração que é o Gênese. Veja-se nesse sentido o esforço de Milton. O Paraíso terrestre perdeu-se para o homem, mas há para essa perda consolo, enquanto lhe restar o Gênese, que é o verdadeiro paraíso da imaginação.

205

Considere esta palavra de Deus depois da queda: "Eis que o homem se tornou igual a um de nós quanto ao conhecimento do bem e do mal. Agora não estenda ele a mão para a árvore da vida, a fim de comer também e viver eternamente." Foi o conhecimento do bem e do mal que equiparou o homem aos espíritos superiores. Enquanto não o adquiriu, podia provar da árvore da vida, e viver eternamente! Deste simples verseto é possível tirar uma Poesia, uma religião, uma mitologia, uma eternidade inteira sem o esgotar. Ignorando o bem e o mal, o homem, ainda que vivesse eternamente sobre a terra, não se assemelharia aos deuses. Foi, portanto, pela sua culpa que, de ser secundário inocente, ele se transformou em ser moral superior. Só lhe falta agora resgatar seu pecado, pela dor e pelo arrependimento; e chegará a uma categoria muito superior na Criação moral àquela em que foi criado.

206

Consideremo-nos todos gotas d'água no oceano humano; os gênios são suas fosforescências. O eu, o sentimento pessoal, é que induz cada gota a se julgar um oceano, destruindo em todos nós o verdadeiro senso da proporção entre o indivíduo e a massa.

207

Coragem! Confiemo-nos a Deus. Nada sabemos do seu plano, nem do que significa a criação, nem do papel que nos foi distribuído. Um dia tudo se explicará e se esclarecerá aos nossos olhos. Até então, cumpre obedecer à voz interior que nos afirma que não pode haver decepção em Deus, e que o Bem não é uma cilada armada pelo hidrogênio aos pobres de espírito.

208

Por mais que se multipliquem, os indiferentes em matéria religiosa nunca deixarão de ser unidades esparsas, ou massa heterogênea.

209
Atrás da indiferença para com Deus, vem a indiferença para com o próximo, o temperamento utilitário que só pode engendrar egoísmo e que, portanto, acabará fatalmente por se destruir a si mesmo.

210
O Ideal é a arca construída por ordem de Deus à chegada do dilúvio, a fim de, através dos seus eleitos, salvar a humanidade e renovar Sua aliança com ela.

211
Os grandes gênios são parasitas das religiões, Goethe tanto quanto Dante. Extraídas as religiões e os mitos, que restará de verdadeiramente grande em arte ou em literatura?

212
Nada fará de grande quem procura agradar aos céticos ou aos indiferentes.

213
Qual escolher: a ordem ou a liberdade? Equivale a perguntar: qual é melhor, a árvore ou o fruto? Sem ordem, não existiria liberdade, por-

que esta, se não é o fruto, é, pelo menos, a flor da ordem. Não nego, porém, que muitas espécies dessa planta nunca produzirão a liberdade. Há uma ordem estéril que esteriliza também o solo onde cresce. Por outro lado há terras onde a planta, que alhures produz belíssimos frutos, não chega sequer a florescer.

214

Posto que a liberdade só procede da haste da ordem, o cuidado inicial deve ser o de escolher a planta com acerto; deve ser de espécie que, em solo propício, frutifique sempre. Se, ao crescer, não se cobrir de flores, cumpre fertilizar o solo. Há nisto imensos labores, mas os mantenedores da ordem devem ser os primeiros interessados.

215

Já disse em outra página que o homem, com a noção que tem de infinito, pode bem, quando se encontrar em face da divindade, não achar Deus à altura de sua expectativa. A lenda da queda dos anjos atesta que a disposição de se medir com Deus existe mesmo nos espíritos a quem é dado vê-lo. Enquanto a imaginação for livre, ele não se inclinará nem diante da divindade. A literatura fervilha com estes desafios, essas inspirações de revolta.

216

É indubitável que o espetáculo da onipotência divina; como a imaginamos, teria sobre o espírito humano o mesmo efeito arrasador que tem a proximidade do sol sobre a vista humana. Não fomos feitos para enfrentar choques como o que denominamos sobrenatural. Mas se a imaginação pudesse resistir a tais revelações, sua exigência cresceria ainda, antes de se lhe suster o surto, e Deus ficaria aquém do gênio ou da estupidez humana. Na verdade a imaginação do homem estúpido é mais incomensurável ainda que a dos grandes poetas, e é de mais difícil sujeição. A graça, porém, realizará sua obra. Por ela a imaginação se deixará cingir à medida do que é. Nossas ideias excessivas provêm da ignorância. O espírito é obrigado a imaginar aquilo que não conhece, mas que sabe existir. Dá-lhe então as proporções do desconhecido, sempre superiores para ele às do conhecido. Quando cisma com o impossível, este se lhe afigura maior do que o possível. A decepção acompanha fatalmente a passagem da imaginação para a realidade.

217

O homem, no entanto, teve contato com Deus nos tempos bíblicos e, segundo a Bíblia, o caráter dessas relações foi sobretudo familiar. O Senhor fala ao homem como criador benévolo, muitas vezes como pai e amigo; cede a suas preces, acolhe-o com piedade. No momento em que Deus esteve para destruir toda a criação, arrependido de ter criado o homem, retratou-se pensando em Noé e estabeleceu com a terra uma aliança perpétua. Abraão dirige-se a Ele como um servo fiel ao amo em cuja bondade habituou-se a descansar. Discute com o Senhor, apesar de ser "pó e cinzas", a injustiça de destruir Sodoma por inteiro. O Evangelho, também, é uma narração da convivência íntima dos apóstolos e dos discípulos com a divindade, pois todos sabiam que Jesus era Deus.

218

Só dos que têm o coração puro, disse o Evangelho, que hão de ver a Deus. Ora, a imaginação transbordante é sinal de um espírito revolto e, portanto, de um coração perturbado.

219

Afigurasse-me bastante próxima a notícia de

descobertas que venham a nivelar a força das nações. O número já pouco importa dentro de certos limites. Acabarão por não influir de todo. O poder de destruição será tão grande que exigirá o sacrifício de centenas de milhares de homens onde hoje se arriscam algumas dezenas. Para honra do gênio humano, os grandes inventores cuidam hoje mais do aparelhamento industrial do mundo que da criação de engenhos de destruição. É certa, no entanto, a abolição da guerra pela ciência — não pelas ciências morais, mas pelas ciências físicas. Nem a economia política, nem o arbitramento porão fim à guerra, mas sim a eletricidade ou a química.

220

A questão é saber se a humanidade sem guerras ou, pelo menos, sem amor à guerra, não apodreceria moralmente; se o espírito de devotamento nacional, que a vocação militar concentra e cristaliza é, ou não, separável da possibilidade das guerras, da inquietação pelo destino e a honra da pátria. Talvez até a imunidade completa de qualquer sujeição externa produzisse, dentro do país, formas mais odiosas de cativeiro político ou de rapina do que as que possam prevalecer em nações expostas ao ataque e ao esfacelamento por conquista. Quanto aos meios de destruição em massa, logo que o gênio dos cientistas se concentrar, sem dó nem escrúpulo humano, sobre tal fim, resolver-se-á conjuntamente o problema dos pequenos países inofensivos. Serão tais os meios de destruição postos ao alcance do homem que transformarão a guerra em carnificina inútil. Neste século a marcha das invenções humanas não seguirá a progressão aritmética, mas a geométrica. A física, a química, a mecânica, terão cada vez maior importância para quem se preocupa com o equilíbrio do mundo. Estas ciências unidas farão mais que a política mundial; farão política cósmica, neste sentido: que as forças cósmicas terão interferência política através dos laboratórios científicos. Os eletricistas serão quiçá os árbitros das nações e os estadistas do porvir.

221

Há quem sustente que certas nações não têm religião, ou pelo menos não creem em outra vida. É possível, mas o que as criou foi a religião; encerrou-as depois no círculo de ferro que a consciência não pode romper. Sua moral, seu código de honra revelarão, se alguém lhes retraçar as origens, a idade religiosa, em que o caráter nacional se fundiu no molde definitivo. Pode a religião transformar-se em filosofia, depois de cumprir sua missão de civilizadora da sociedade e enobrecedora da alma humana; mas, quando se retirar do coração, deixando atrofiar-se nele o sentido do divino e do sobrenatural, priva sua criação da plasticidade própria dos organismos que guardam contato com o espírito que os moldou. É ela, em todo caso, quem marca os limites da glória e do desenvolvimento moral da raça. Nenhuma raça foi além de sua religião.

222

A luta pela riqueza não é muita vez senão luta pela liberdade, desejo de ficar independente, para não viver à sombra de outrem. Cada um quer essa independência mais no interesse dos seus que no próprio. As molas da peleja são a altivez e o amor, mas quando a luta é por uma riqueza imensa, então a mola é o espírito de mando, o gênio da dominação. Os miliardários foram, em certo sentido, os primeiros a provar a sensação de um poder sem limites. O déspota só a teve nos limites do seu território; eles tiveram na esfera universal da moeda, hoje servida por forças ignoradas em outras eras. Elevaram-se assim tão alto entre os homens que levam todo espírito generoso a lastimar que não possam exceder às próprias faculdades, nem escapar à fragilidade humana, com a qual sua riqueza não tem proporção alguma.

223

Escrita a página, acontece-vos esquecê-la, mas de súbito, uma tecla vibra na memória, e revela-vos certa palavra, certa frase, a pedir emenda ou correção. Além de ser coisa em que nunca pensastes, a ideia vos chega de modo imprevisto. Sereis então vosso próprio revisor, mesmo dormindo, mesmo esquecido do trecho correspondente ao *erratum*? Talvez; porém, o modo por que um vocábulo, antes despercebido, se destaca subitamente do corpo de uma composição já olvidada, para apresentar-se a vós alterado, dá antes ideia de um colaborador que tomou contato com vosso cérebro, e que não podeis distinguir de vós mesmo. Em toda obra, há muito dessa colaboração desconhecida.

224

Será que as figuras ou paisagens que se nos

apresentam ao espírito antes do sono, quando abandonamos nosso cérebro ao próprio governo, ou que depois surgem nos sonhos, são às vezes recordações de antepassados, gravadas no fundo que estes nos transmitiram? Se guardamos vestígios em toda a nossa pessoa, devem restar também alguns em nossa memória.

225
Quantos livros, quantos assuntos, quantas ideias parecem diamantes brutos! Por que não encontraremos um meio, sem plagiato, sem parasitismo, por pura admiração e solidariedade, de aumentar nosso tesouro intelectual com pedras de grande brilho, criando um ofício de escritor por conta alheia? Seria, em literatura, arte semelhante à do lapidário em pedrarias. A dificuldade do plano é conseguir obreiros dotados das grandes faculdades intelectuais que tal arte exigiria. Com efeito, só o diamante corta o diamante. Ora, os verdadeiros escritores só talham as próprias pedras. Não há profissão em que o amor-próprio seja tão absoluto quanto na profissão das letras.

226
Foram os parasitas que inventaram o vocábulo

egoísta no sentido de reproche a quem não tomar a si de bom grado os encargos naturais de outrem. Essa espécie de egoísmo é um corretivo necessário contra o abuso da generosidade alheia, pois só o egoísmo pode destruir o parasitismo. Destruído este, desaparecerá também o egoísmo, e então a generosidade; liberta por ele, se tornará a regra do coração humano.

227

A mais bela das profecias divinas: "Bem-aventurados os mansos porque eles possuirão a terra." Os céticos só verão aí um paradoxo; no entanto, se existe um fato incontestável na vida de cada dia, é que a doçura consegue, em toda parte, muito mais que a violência, e que, dentre todas as forças em ação neste mundo, ela é a mais forte.

UM PAÍS SE FAZ COM
HOMENS E LIVROS.
DE MONTEIRO LOBATO

ESTA OBRA FOI COMPOSTA PELA SPRESS EM PALATINO E IMPRESSA EM PAPEL PÓLEN SOFT 80G/M² NO MIOLO E CARTÃO SUPREMO 250G/M² NAS CAPAS, PELA POWER GRAPHICS PARA A LINOTIPO DIGITAL NO INVERNO DE 2019, CENTÉSIMO SEPTUAGÉSIMO ANO DE NASCIMENTO DO AUTOR